사랑은 무엇을 먹고 자라는가

ANSELM GRÜN
WAS DIE LIEBE NÄHRT
Beziehung und Spiritualität

© 2010 KREUZ Verlag
part of Verlag Herder GmbH, Freiburg im Breisgau, Germany
All rights reserved.

Translated by LEE Jong-Han
Korean translation copyright © 2015 by Benedict Press, Waegwan, Korea.

Korean translation rights arranged
with Verlag Herder GmbH through Eurobuk Agency.

사랑은 무엇을 먹고 자라는가
관계와 영성이 움트게 하는 힘

2015년 2월 26일 교회 인가
2015년 3월 5일 초판 1쇄
2015년 5월 5일 초판 2쇄

지은이   안셀름 그륀
옮긴이   이종한
펴낸이   박현동
펴낸곳   성 베네딕도회 왜관수도원 ⓒ 분도출판사

등록   1962년 5월 7일 라15호
주소   718-806 경북 칠곡군 왜관읍 관문로 61
전화   054-970-2400(왜관 본사)・02-2266-3605(서울 지사)
팩스   054-971-0179(왜관 본사)・02-2271-3605(서울 지사)
홈페이지 www.bundobook.co.kr

ISBN 978-89-419-1504-1 03230
값 11,000원

이 책의 한국어판 저작권은 유로북 에이전시를 통해 Verlag Herder와 독점 계약한 분도출판사에 있습니다.
저작권법에 의해 한국 내에서 보호를 받는 저작물이므로 무단 전재와 무단 복제를 금합니다.

사랑은
무엇을 먹고 자라는가

안셀름 그륀 지음 이종한 옮김

분도출판사

차례

들어가며 7

| 1부 |
사랑의 차원들
사랑은 끝장났는가? 13
성공하는 관계의 네 차원 25
우리의 관계와 하느님상 33
종교들의 대화를 통한 정화 41
인간의 사랑과 하느님의 사랑 51
관계와 내면의 그윽한 공간 63
성과 영성 75

| 2부 |
무엇이 사랑을 북돋우는가?
관계 배양의 영성적 요소 95
관계 기르기 119
수련 여정으로서의 관계 137
관계와 영성: 네 가지 연습 방법 203

맺으며 219

참고 문헌 222

들어가며

얼마 전 어떤 저널리스트가 자신이 들은 강연에 대해 나에게 편지를 써 보냈다. 강연 주제는 그럴듯했다. '부부 관계에서 사랑이 성공하는 법'이란 주제였다. 강연자는 제 충고를 따르기만 하면 남편과 아내 간의 사랑이 성공하리라 약속했다. 하지만 강연이 끝날 즈음이 되자 그 저널리스트는 완전히 맥이 빠지고 심지어 화까지 났다. 그런 식의 이상적인 부부 관계란 없다는 것을 잘 알고 있었기 때문이다. 아니나 다를까 집에 돌아가 아내에게 강연 내용을 전부 다 전해 주자, 곧 말다툼이 벌어졌다. 그러니 그 강연은 약속했던 바와 정반대의 결과를 낳은 꼴이었다.

너무 이상적이라서 일상에서 실현될 수 없다면, 그 사랑은 말 그대로 곧 '말라 죽기' 마련이다.

우리가 던져야 할 물음은 '사랑은 무엇을 먹고 자라는가?', '어찌하면 관계라는 것이 일상에서도 사랑의 원천에 맞닿아 살아 숨 쉴 수 있는가?' 하는 것이다. 그 원천에 이르는 길을 영성이 가르쳐 줄 수 있다. 나는 이 책에서 진부한 약속은 하고 싶지 않다. 부부간의 사랑이나 애인간의 사랑에 대해 성공을 보장해 줄 수 있는 특별한 '비법'이란 없다. 나에게 중요한 것은 일상에서의 '관계'와 '영성'이다. 사실 영성은 효과가 확실한 처방이 아니다. 일상의 갈등과 충돌에 덮어씌우는 경건한 외피外皮도 아니다. 영성은 아무것도 덮어 가리지 않는다. 영성은 우리가 애써 추구하는 (하지만 결코 성취할 수 없는) 이상이 아니다. 오히려 영성은 한 가지 현실적 길을 가르쳐 준다. 그러니 우리가 풀어야 할 문제는 '관계를 잘 맺고 싶은 우리의 갈망을, 또한 환멸을 겪고 상처를 입는 우리의 체험을 어찌 다룰 것인가?', '거듭되는 실패에 대해 희망의 상실이나 양심의 가책 없이 어찌 대응할 것인가?' 하는 것이다. 영성은 성공적 관계를 이루기 위한 우리의 필사적 노력을 객관화한다. 이성간의 관계가 삶의 전부가 아님을 깨닫게 한다. 우리 자신과 우리 관계에 대해 품고 있는 터무니없는 기대로부터 우리를 벗어나게 한다. 동시에 영성은 우리 삶의 바탕을 알려 준다. 이 바탕 위에서 우리는 침착하고 의연하게 우리 관계를 살아갈 수 있다.

세상에는 남편 아내 관계, 애인 관계, 동성 친구 관계, 부모 자식 관계, 선생 학생 관계처럼 다양한 관계가 있고, 또한 영성 상담이나 호스피스처럼 시간적으로 한정된 관계도 있다. 각기 다른 이 모든 관계에서, 물론 영성이 중요한 역할을 하기는 한다. 하지만 이 책에서는 그 주제를 남편 아내 관계와 연인 관계로 국한하려 한다.

여기서 나는 '영성'을 넓은 의미로 이해한다. 어떤 그리스도교 전통에서는 영성을 성령의 원천에 맞닿은 삶으로 받아들인다. 이런 전통에서는 영성이 단지 하느님과의 관계만, 예수 그리스도와의 관계만 의미하지 않는다. 기도와 전례 참석을 통한, 또한 성경 말씀에 따르는 삶을 통한 신앙의 표현도 의미한다. 오늘날 영성이란 개념은 그리스도교에서 전통적으로 이해하여 온 것보다 대개 더 넓은 의미로 받아들여지고 있다. 영성은 초월에 대한 감각이자, 삶의 깊은 차원에 대한 직감을 의미한다. 이렇듯 넓은 의미에서 영성적 인간은 겉으로 보이는 것에 만족하지 않고, 삶의 의미를 추구하며, '자신이 볼 수 있고', '할 수 있고', '겪을 수 있는 것'의 경계 너머를 희망하는 사람이다. 이 책에서는 그리스도교의 영성을 계속해서 살피겠지만, 의식적으로 열린 태도를 유지하며 이야기를 끌고 가려 한다. 그러면 교회 울타리 밖에서 영성을 구하는 이들에게도 만족스러울 것이다.

| 1부 |

사랑의 차원들

사랑은 끝장났는가?

개인주의의 두 얼굴

관계를 위태롭게 하는 것은 무엇일까? 여러 심리학자에 따르면 현대인의 가장 심각한 질병은 관계를 맺지 못하는 것이다. 현대인이 왜 그리 빈번히 관계 상실로 고통받는지, 왜 그리 사랑의 능력이 위태로워졌는지에 대해 사회학은 많은 해석을 내놓는다. 거기서 한 가지만 들어 보면 우리가 개인주의 시대에 살고 있다는 것이다. 개인주의는 나름대로 유익한 면이 있다. 개인주의는, 우리 누구나 사회의 강한 영향에 구애받지 않고 자신의 한 번뿐인 삶을 실현할 수 있게 해 준다. 하지만 이런 자유에는 그림자도 있다. 개인의 에너지가 자기 삶의 계발에만 집중된다. 타인을 일단 나에게 이로운 사람인가 해로운 사람인가 가리게 된다. 이로운 사람은 나 자신의 잠재 능력을 펼쳐 나가도록 도와줄 수 있는 사람이다. 타인이 도구화되는 것이다. 타인이 나의 자기실현을 위해 이용되는 것이다. 그럼에도 인간은 사회적 존재다. 인간은 관계를 갈망한다. 하지만 개인주의가 인간을 다른 인간에게서 떼어 놓았다. 타인에게 다가가는 길이 전보다 멀어졌다. 지난날에는 한 마을이 한 공동체를 이루었고 거기서 인간은 보살핌을 느꼈다. 물론 그런 공동체는 답답한 면도 있었다. 이런 답답함은 이제 사라졌지만, 안온함까지 함께 사라졌다. 동시에 우리는 소속에 대한 갈망이 갈수록 깊어 감을 자각하고 있다. 그 누구에게, 그 어떤 것에 속하고 싶은 것은 개인주의 시대에도 인간의 뿌리 깊은 욕구다.

젊은이들에게는 어떤 집단에 소속감을 느끼는 게 죽고 사는 문제다. 더군다나 종속을 자처하는 일도 허다하다. 그렇다면 이는 성숙한 관계라는 의미에서의 소속이 아니라, 집단 소속을 위한 자기 정체성의 포기다. 소속에 대한 이런 갈망은 젊은 남녀가 막 사귀기 시작할 때에도 영향을 미치곤 한다. 자신의 외로움에서 벗어나기 위해 상대를 이용하는 것이다. 하지만 이렇게 상대를 이용하고 소유하는 상황 속에서는 진실로 깊은 관계가 자라나지 못한다.

많은 기회라는 모순

사회학자 스벤 힐렌캄프는 한 에세이에서 '사랑의 종말'에 대해 꼬집어 말했다. 힐렌캄프의 관찰에 따르면 겉으로는 우리 사회가 구성원들에게 서로 만날 수 있는 기회를 무한히 주는 것만 같다. 관계를 자유로이 맺을 수 있는 기회가 지난 그 어느 때보다 크다. 하지만 사랑의 능력은 그에 걸맞지 못하며, 오히려 과거 그 어느 때보다 손상되어 있다. 이전에 존재했던, 문화적으로는 요지부동했고 사회적으로는 극복이 불가했던 차별과 경계가 이제는 더 이상 결정적 구실을 하지 못한다. 놀라운 일이다. 과거와는 달리 여성들이 직업 활동을 통해 사회에 통합되어 있다. 공간적·사회적 유동성은 오늘날 당연한 것으로 여겨진다. 과학기술도 여기에 한몫을 한다. 인터넷을 통한 파트너 소개가 성행한다. 돈벌이가 잘되는 사업이다. 평범한 사람이건 똑똑한 사람이건 모든 사회계층이 연결될 수 있다. 몇 가지 검색 조건으로 섹스 파트너나 인생 반려자를 최대한, 또 최적으로 선택할 수 있는 기회가 주어진다. 광고에 따르면 수백만 명이 등록되어 있다고 한다. 정말 수없이 많은 '이상적 파트너'와 관계를 맺을 수 있는 기회가, 의무나 책임 따위는 없는 기회가 무한히 주어지는 것만 같다.

 그래도 이것이 우리를 사랑의 기쁨으로 인도하는 보장된 길은 아니다. 게다가 이혼하는 부부도 늘어나고 있다. 갈수록 많은 짝이 갈수록 빨리 헤어지고 있다. 끊임없이 파트너를 찾아 헤매는데, 이것이 의존 증세에 이른 사람이 많다. 이상적 파트너를 향한 갈망이 그들을 의존 증세로 오도하는 것이다. 그들은 몇 번이고 '간만 봐야' 한다. 그들은 어떤 파트너를 찾아내기 무섭게 또다시 다른 파트너를 찾아 나선다. 하지만 '이상적' 파트너는 결코 만나지 못할 것이다. 힐렌캄프는 말한다. "그들은 더 나은 것, 더 좋은 이를 끝없이 찾아 헤맨다." 무한한 기회가 그들을 행복으로 이끄는 것은 아니다. 겉으로는 무한해 보이는 선택의 기회도 그들의 한없는 갈망을 채워 주지는 못하는 셈이다.

현대의 속도 압박

소비사회의 요구나 효율성만 강조하는 경제 논리를 따른다고 관계의 질을 향상하는 데 도움이 되는 것은 아니다. 사람들이 서로 가까워지려면 어떤 목적을 앞세우거나 서둘러서는 안 된다. 더불어 사는 삶에는 가꾸고 돌보는 일이 필요하다. 다시 말해 시간이 필요한 것이다. 회사에서 경영직을 맡고 있는 사람들이 나에게 인간관계를 위한 시간이 하나도 없다고 토로하곤 한다. 점점 더 빡빡해지는 업무에 치여서 관계를 돌보거나 새로 맺을 여유가 없다는 것이다. 그들은 회사 일로 온 세상으로 돌아다닌다. 다른 사람과 무엇인가 더불어 체험할 틈이 없다.

이런 일도 있었다. 한 커플이 결혼했는데, 두 사람 다 각자의 회사에서 중책을 맡고 있었다. 비행기로 온 지구를 날아다니면서도, 정작 자기네 결혼 생활을 돌볼 시간은 거의 없었다. 그들은 각자 홍콩과 상파울루에서 전화를 거는 식이었다.

하지만 기껏 전화 통화나 하는 관계니 언젠가 깨질 수밖에 없었다. 무엇보다 두 사람은 자녀를 가질 가망이 없었고, 결국은 관계가 끊어졌다. 우리 모두는 현대사회에서 속도의 압박을 느낀다. 그래서 많은 사람이 파트너 관계의 성숙을 참고 기다리지 못한다. 파트너에게 실망하는 속도가 빨라졌다. 점점 더 많은 사람이 점점 더 짧은 시간에 헤어지고 있다.

내밀함의 상실
미디어는 사회적으로 여러 문제를 야기하는 환경을 조성했다. 인간관계가 성숙할 수 있는 여지를 몰염치한 미디어가 박탈했다. 여기서 말하는 것은 곳곳에서 맞닥뜨리는 외설적 광고나, 미성년자라도 인터넷에서 볼 수 있고, 또 많은 이가 '정상적'이라 여기는 노골적 포르노그래피만이 아니다. 미디어가 유명인의 속사정을 그야말로 무차별로 까발리는 행태도 관계가 성숙할 수 있는 환경을 저해한다. 끊임없이 세상에 노출되는 관계는 잘 맺어질 수가 없다. 작은 말다툼까지 바로 황색언론의 먹잇감이 된다면 의사소통이 제대로 될 리가 없다. 원칙적으로 관계란, 내밀함을 보호할 필요가 있다. 내밀함이 상실되고 온갖 일이 공개된다면, 이는 참된 관계에 독이 될 것이다.

객관성이라는 올가미

사회 전반에서, 특히 경제나 정치 생활에서 합리성과 객관성은 무엇보다 우리에게 요구되는 태도로, 이것은 인격에도 영향을 미친다. 두 태도가 관계 상실을 조장하는 것이다. 사실 머리로만 사는 사람은 관계를 맺을 필요가 없다. 대화를 주고받을 때는 아주 합리적으로 논증을 펼치지만, 상대와는 아무런 관계도 맺지 않는 사람이 있다. 이런 사람을 모두들 한둘은 알고 있을 것이다. 그들은 관계를 회피한다. 관계란 불확실하고 불안정하기 때문이다.

　타인과 진실로 관계 맺는 사람은 자신을 솔직히 드러낼 수밖에 없다. 그래서 '객관적'이라는 사람들이 차라리 합리적 논증 속으로 도피하는 것이다. 객관성은 현대의 전형적 미덕으로 간주되곤 한다. 하지만 객관성에는 자신의 관심과 자아는 버려두고 사건을 냉정하고 합리적으로만 대하려는 태도가 내포되어 있다. 이런 면에서는 객관성이 과연 긍정적 태도이자 미덕이다. 하지만 조심해야 한다. 대화를 나눌 때, 내내 객관성과 보편성만 고집하는 것은 대개 감정을 회피하고 관계적 차원을 외면하려는 시도다. 남편이 아내에게 제발 좀 '객관적'이 되라며 번번이 훈계한다면 남편은 아내의 감정을, 결국은 아내의 인격을 진지하게 받아들이지 않는 꼴이다. 남편은 '객관적 차원'에서 벗어나지 않으려고 아내와 관계 맺기를 거부한다. 관계에서 오는 갈등은 결코 객관적이기만 한 것이 아니다. 관계의 충돌은 인간의 영혼까지 건드린다. 무의식에 숨어 있는 영혼의 상처와 충족되지 못한 욕구는 돌연 떠올라 고유의 역동을 발휘하기 마련이다. 그러니 배우자와 함께 갈등을 해결하려면 영적 차원을 성찰하고 존중해야 한다. 관계의 갈등을 순전히 객관적으로 해결할 수 있다고 생각하는 사람은 새로운 갈등을 낳게 된다. 억압된 갈등은 다음에 또다시 떠오르려 하기 때문이다.

덮어 둔 외로움

타인과 관계를 맺고 있지 않고, 또 맺을 능력도 없으면서 정작 자신은 전혀 자각하지 못하는 사람이 적지 않다. 그들은 자신이 타인과의 교제를 좋아한다고 생각하며 사교적인 인간을 자처한다. 그들은 타인에게 다가간다. 대화에도 개방적이다. 하지만 그들의 선의와 호의와 멈출 줄 모르는 사교성은 대개 마음 저 깊은 곳에 있는 관계 상실의 위장일 뿐이다. 우리가 모든 이에게 친절할 수는 있다. 하지만 이 친절함 때문에 멀어질 수도 있다. 아무도 진실로 다가오게 하지는 않으면서 참된 관계를 맺지 않는 것이다. 그들과 그들이 다가가는 타인 사이에는 아무것도 흐르지 않는다. 때로는 인간적으로도 보이는, 그들의 친절하되 형식적인 언사는 그 이면에 있는 관계 상실의 위장일 뿐이다. 자신의 관계 상실을 전혀 인식하지 못하거나 인식하지 않으려 드는 사람은 그것을 애써 반성하지도 않는다. 그렇게 한동안은 눈감을 수 있지만 언젠가는 혼자라는 사실을 뼈저리게 느낄 것이다. 그러면 흔히들 우울증에 깊이 빠진다. 그들은 자신이 교제는 많지만 참된 관계는 없다는 사실을 문득 깨닫는다. 그들을 한 인간으로 대하며 다가오는 사람도 없고, 그들을 정말로 인간적으로 여기는 사람도 없다. 피하면 피할수록 외로움은 더 단단히 굳어진다.

인연에 대한 두려움

성숙한 관계를 갈망하지만, 그러면서도 친밀함을 두려워하는 사람이 많다. 관계가 너무 가까워지면 상대에게 마음의 상처를 입고 낙담하지 않을까 두려워하는 것이다. 상처에 대한 두려움은 마음의 문을 닫는 결과를 낳는다. 이런 두려움은 흔히 어린 시절의 부정적 체험에 원인이 있다. 어린 시절에 부모나 이성에게 느꼈던 신뢰가 깨지면 훗날 모든 관계를 두려워하게 된다. 신뢰가 생기더라도 곧 깨질 수 있기 때문이다. 초기 아동기에 긍정적인 관계 체험이 결여되면 성인이 되어서도 타인과의 관계 맺기를 힘들어하게 된다. 그러면 관계 맺기는 내적 자유로 가는 길이 아니라, 구속으로 체험될 것이다. 아동에게 신뢰와 관계에 대한 긍정적 체험은 결정적으로 중요한 것이다. 그래야만 나중에 신뢰와 관계를 두려워하지 않게 된다. 부모와의 관계를 끊임없는 다툼과 충돌로 체험한다면 성인이 되었을 때 파트너에게 자신을 온전히 내주는 것을 어려워하게 된다. 파트너와의 관계도 부모와의 관계처럼 문제가 생기리라고 문득 두려움을 느끼는 까닭이다.

부모와의 관계가 견디기 어렵다면, 부모가 자신을 거부하지 않을까 계속 불안하다면 결국 타인에게도 마음의 문을 닫을 것이다. 부모에게 버림받는 고통을 느끼지 않기 위해 아이는 자기 자신 속으로 숨어든다. 이것이 그들의 생존 전략이다. 하지만 이런 전략은 고슴도치처럼 자신 속으로 움츠러드는 결과를 낳는다. 때로는 그들도 타인과 접촉하려고 조심스레 촉수를 내밀지만, 누군가 너무 가까이 다가오면 곧바로 가시를 내보인다. 이처럼 고슴도치 같은 젊은이가 많다. 그들은 상처받을지도 모른다는 두려움 탓에 고슴도치처럼 움츠린다. 하지만 상처 없는 관계는 없다. 관계란 친밀함이 깊어 가며 성숙하는 법이다. 그렇지만 몇 번이고 상처받으며 성숙할 수도 있다. 말하자면 상처를 통해 자신을 타인에게 열어 보일 수 있는 것이다. 상처를 겪으며 자신의 허울을 고집할 수만은 없다는 것을 깨닫는다. 타인을 진실로 느끼고자 한다면 울타리를 벗어나 자신을 있는 그대로 보여 주어야 한다. 관계란 자신의 마음을 드러내는 것이다. 자신의 예민하고 다치기 쉬운 부분을 보여 주는 것이다. 이것을 무서워하는 사람이 많다. 그들은 강한 사람으로, 상처받지 않는 사람으로 보이려고 한다. 그러니 자신을 감출 수밖에 없다. 자신이 쉬이 상처받는다는 것을 드러내면 행여 부정적으로 평가받지 않을까 두려워한다. 있는 그대로의 자신은 별 볼일 없다는 불신이 그들 마음속에 깊이 뿌리내려 있다.

스위스 심리학자이자 부부치료 전문가인 위르크 빌리는 우리 사회가 병적 자기애를 조장한다고 주장한다. 누구 할 것 없이 자신에게만 집착하는 풍조가 이 사회를 지배하고 있다는 것이다. 연대나 결속 같은 가치는 이제 사라져 버렸다. 신경성 식욕부진과 경계선 성격장애 같은 현대 정신 질환은 관계를 거부하는 질병이지만, 과거에는 흔했던 히스테리 신경증과 불안 신경증, 심장 신경증은 외려 관계를 일으키는 질병이다. 과거의 정신 질환은 늘 타인과의 관계가 관건이지만, 반면 신경성 식욕부진 같은 것은 관계를 거부하는 질병이다.

초월성의 상실

나는 초월적 차원의 상실도 남녀 관계에 영향을 미친다고, 아니 근본적으로 위태롭게 한다고 확신한다. 초월성의 상실은 상대방에게 지나치게 집착하는 결과를 낳는다. 그래서 궁극적으로 초월적 존재만이 줄 수 있는 것을 상대방에게 기대하기까지 한다. 초월에 대한 감각은 관계에서 오는 부담을 덜어 줄 수 있다. 줄곧 상대방만 주시한다면 우리는 감시자나 분석자가 될 것이다. 아니면 고작 권태를 느낄 것이다. 관계가 성숙하기 위해서는 그저 서로만 바라봐서는 안 된다. 함께 같은 방향을 봐야 한다. 근본 가치를 공유하거나 공동 목적을 추구하는 것이다. 예를 들자면 자녀 계획을 세우거나, 두 사람이 내적으로 결속될 수 있는 것을 공동 과업으로 삼는 것이다. 하지만 이것도 저것도 곧 바닥을 드러낸다. 그 이상의 것이 필요하다. 미처 닿을 수 없는 것, 끝없는 공간을 열어 주는 것이 필요하니 곧 초월을 지향하는 것이다.

이러한 관점을 스위스의 철학자이자 심리학자인 장 겝서는 물질주의 시대의 특징적 현상과 관련지어 증명했고, 이것은 지금도 계속 인용되고 있다. 겝서는 물질주의가 관계 상실을 심화한다고 확신했다. "삶의 물질적 측면에 대한 지나친 강조는 자기중심성을, 결국은 전적인 관계 상실로 변질되는 자기중심성을 과잉 배양한다. 한평생 자신이 겪는 모든 체험을 이기심을 강화하고 충족하는 데만 이용하는 사람은 스스로 참된 관계를 차단한다. 자기 본질과의 관계와 이웃과의 관계, 영원한 가치와의 관계를 차단하는 것이다."

성공하는 관계의 네 차원

여기서 관계 상실의 원인을 깊이 다루지는 않겠다. 내가 부딪혀 본 관계 상실을 네 가지 차원에서 바로 서술할 것인데, 이것은 긍정적으로 전개될 수도 있다. 네 가지 차원은 자신과의 관계, 사물과의 관계, 타인과의 관계, 그리고 하느님과의 관계이다.

자신과의 관계
자신과의 관계를 잃어버린 사람이 많다. 그런데도 그들은 태평스레 살아간다. 그들은 제구실을 하고 있기는 하지만, 제 자신을 느끼지는 못한다. 자기 몸과 진실로 관계를 맺지 못한다. 어떤 경영자가 나에게 자기는 육체적 건강을 유지하려고 매일 조깅을 한다고 말했다. 그는 기름칠을 해 주어야 하는 기계처럼 자기 몸을 대했다. 하지만 지난 몇 년간 제 몸과의 참된 관계를 느껴 보지는 못했다. 그의 목적은 자신에게 부여된 업무를 수행할 수 있도록 자기 몸이 '작동'하는 것이었다. 하지만 그는 자기 몸 안에 살고 있지 않았다. 제 몸을 느끼지 못했고, 제 몸과 관계 맺지 못했다. 내가 영성 상담을 하면서 알게 된 것은, 많은 사람이 이른바 영성의 길을 걸으면서도 자기 몸은 간과한다는 사실이다. 그때는 영성이라도 그들을 변화시키지 못한다. 영성이 머리에만 정체되어 있고 온몸에 작용하지 못한다. 그들의 입은 영성을 말하지만, 그들이 발산하는 것은 영성적이지 않다. 오히려 그들 마음에서 떨치려 애쓰는 욕망과 공격성을 밖으로 내뿜곤 한다.

많은 사람이 자기 몸과의 관계만 아니라 자기 영혼과의 관계도 상실했다. 자기 영혼의 미세한 충동에 귀 기울이지 않는다. 자기 감정을 불안해한다. 감정이란 것은 모호하기 때문에 감정과의 관계 맺기를 포기한다. 심장이 반응하면 심장을 건너뛰고, 그저 이성으로만 반응하려 애쓴다. 그들은 감정을 따르는 것을 두려워한다. 감정이 그들을 자기 자신의 고유한 실체로 이끄리란 것을 어렴풋이 느끼기는 한다. 하지만 그 실체를 차라리 밖에 버려두려고 한다. 실체가 자신을 힘들게 하기 때문이다. 자기 영혼과의 관계 상실은 대개 두려움에 그 원인이 있다. 자신에 대한 두려움, '네가 이 꼴로 사는 건 옳지 않아. 삶을 바꿔야 해'라고 말하는 감정에 대한 두려움이 그것이다. 어떤 사람은 감정적이고 너무 여리다는 낙인이 찍힐까 봐 감정을 모르는 체한다. 하지만 스위스의 심리치료 전문가 베레나 카스트는 기쁨과 영감, 희망에 대한 자신의 저서에서 정곡을 찌른다. "우리가 감정을 용납하지 않으려고 한다면, 감정을 배제하려 애쓴다면 정작 자신과는 관계 맺지 못하는 인간이 될 겁니다. 자신과 관계 맺지 못한다는 건 자신을 더 이상 느끼지 못함을, 또한 아무 책임도 지지 않음을 뜻하지요."

사물과의 관계

관계를 맺는 능력이 손상되면 이것은 사물을 대하는 데서도 드러나기 마련이다. 요즘은 많은 사람이 사물에 대한 감각을 상실했다. 호텔 주인이라면 물건을 함부로 쓰는 투숙객을 많이 겪었을 것이다. 오늘날 우리가 환경보호를 촉구하는 것은 마땅하다. 많은 사람이 환경과의 관계, 만물과의 관계를 상실했다. 한번은 연세가 여든이나 된 목수 수사님이 통곡하며 나를 찾아왔다. 그분이 정성 들여 만든 나무 문을 학생들이 장난으로 박살 낸 것이다. 나무를 그리도 난폭하게 취급할 수 있다는 사실에 수사님은 너무나 슬펐다. 학생들은 수사님의 목공 작품과 관계를 맺지 않았다. 아니, 모든 사물과 아무 관계도 맺지 않았다. 그들에게 그 문은 그저 공격성을 발산하는 대상일 뿐이었다. 두 손으로 정성껏 만든 작품이 아니었다. 자연 속에 갔을 때 이와 비슷하게 행동하는 사람들이 있다. 그들은 도보 여행을 하면서도 진실로 자연과 관계를 맺지는 않는다. 이것은 둔감한 개인만 아니라, 사회적 주장에도 해당된다. 환경보호가 자연과 관계 맺지 않으면, 그것에 근거하지 않으면 그저 윤리적 호소나 사변적 주장일 뿐이다. 하지만 그런 이성적 논증이나 주장만으로는 우리의 환경을 보존하지 못할 것이다. 그러니 무엇보다 필요한 것은 '알아차림'(Achtsamkeit)의 훈련이다. 그러면 우리는 사물과, 또 자연과 다시금 관계를 맺고 그것을 느낄 수 있을 것이다. 자연을 느끼는 사람은 당연히 자연을 깨어 있는 마음으로 대한다. 사물을 대하는 우리의 방식은 사회적 차원과 인간 상호적 차원에도 영향을 미친다.

타인과의 관계

자기 자신과, 그리고 사물과 관계 맺지 않는 사람은 타인과의 관계에서도 어려움을 겪는다. 그런 사람도 한편으로는 관계를 갈망한다. 좋은 관계를 통해 자기 자신을 느낄 수 있기를 열망한다. 하지만 자신과 관계 맺지 않으면 타인과도 참된 관계를 맺지 못한다. 심리학자들에 따르면 자기 자신과 관계를 맺지 못하고, 또 이성과 제대로 얘기하거나 웃고 떠들지 못하는 14~15세 남자 청소년은 이내 섹스할 궁리에만 몰두한다. 그들이 '자아'(ego)라는 감옥에서 벗어날 수 있으리라 기대하는 유일한 기회가 곧 섹스다. 하지만 관계 맺는 능력이 내면에 없으면 섹스를 하더라도 참된 관계를 만들지는 못한다. 제 자신을 느끼지 못하는 사람은 타인과의 관계에서 불안을 느낀다. 자신이 누구인지 모른다. 그러니 자신을 타인에게 내보이지도 못한다. 그들은 상대가 제 내면의 공허를 눈치챌까 두려워한다. 마르틴 부버는 말했다. "'나'(Ich)는 '너'(Du)에게서 되어 간다." 하지만 '내'가 없는 곳에서는 '너'와의 만남도 일어나지 않는다. '내'가 '너'를 만나려면 먼저 나 자신을 알아채야 한다.

하느님과의 관계

앞선 세 차원에서 언급한 관계의 능력은 초월적 체험을 향해 마음을 열기 위한 전제 조건이기도 하다. 자신과도, 타인과도 관계 맺지 못하는 사람은 하느님과 관계를 맺는 데도 어려움이 따른다. 제 자신을 느끼지 못하는 사람은 하느님도 느끼지 못한다. 일찍이 카르타고의 키프리아누스가 말했다. "그대는 하느님께서 그대 말에 귀 기울여 주시기를 바란다. 그런데 그대는 자신의 말에 귀 기울이지 않는다. 그대는 하느님께서 그대를 기억해 주시기를 바란다. 그래도 그대는 자신을 전혀 기억하지 않는다." 여기서 키프리아누스는 '메모르 에세'(memor esse), 즉 '기억하다', '잊지 않다'라는 라틴어 표현을 사용했다. 키프리아누스의 말이 근본적으로 의미하는 바는 다음과 같다. "그대는 그대 마음속에 있지 않다. 그대 자신을 기억하고 있지 않다. 그대 자신과 접촉하고 있지 않다. 그런 까닭에 하느님과도 접촉하지 못하는 것이다."

나는 영성 상담을 하며 사람들에게서 하느님을 느끼고자 하는 갈망, 하느님과 관계 맺고자 하는 갈망을 보았다. 하지만 동시에 자신을 그분께 열게 되면 그분께서 자신을 실망시킬지 모른다는 두려움도 보았다. 더불어 자신이 그분께 나아가면 그분이 뒤로 물러설지 모른다는 두려움도 읽었다. 예를 들어 그들은 주정뱅이 아버지에게서 느꼈던 불신을 하느님에게 전가한다. 아버지와 똑같이 하느님도 신뢰할 수 없는 것이다. 그래서 그분과 관계를 맺을 용기를 내지 못한다. 그리고 자신이 진정으로 누구인지 잘 알지 못하기 때문에 하느님과 만날 때 어떤 모습을 보여야 할지 모른다. 자기 내면의 혼돈을 하느님의 현존에 내맡기는 것을 두려워한다. 하느님과의 만남에서 자기 자신과도 맞닥뜨리게 되기 때문이다. 자신과 맞닥뜨리는 일은 아주 고통스러울 것이다. 자기 영혼 속의 모호한 것, 혼돈된 것, 불쾌한 것이 고스란히 드러나는 까닭이다.

내가 원칙처럼 여기는 바는 자신을 느끼지 못하면 하느님도 느끼지 못한다는 것이다. 자기 안에 있는 모든 것과 관계 맺지 못하면 하느님과도 참된 관계를 맺지 못한다. 하느님과의 관계는 다른 모든 관계와 크게 다르지 않다. 즉, 우리는 '전부'로서 나서기를 요구받는다. 자신의 강한 면만 가져오고, 자기 속에서 외면하고 싶은 면을 치워서는 안 된다. 그래서는 관계가 성숙하지 않는다. 그저 반쪽으로 관계하는 것이다. 그러니 하느님과 자기 사이에 그 무엇도 흐를 리 없다. 요컨대 관계라는 것은 우리의 전부를 그 안에 들여놓기를 요구한다.

우리는 이미 알고 있다. 머리로만 참여하면 관계는 성장하지 않으며, 기껏해야 흥미로운 의견 교환이나 이루어질 뿐이다. 우리 안에 있는 전부를 가지고 관계를 맺는다는 것은 솔직함과 동시에 겸허함을 요구한다. 이상적 자기상과 작별하고, 자신을 있는 그대로 수용하고 체험해야 한다. 관계 상실의 원인은 (자신이 이상적 자기상에 여러모로 부합하지 않기 때문에, 자신의 인간적 부족함과 평범함을 두려워하기 때문에) 자신과 전혀 관계를 맺지 않으려는 데 있다.

또 어떤 사람은 '관계'를 감정과 동일시하는 탓에 하느님과 관계를 맺는 데 어려움을 겪는다. 그들은 하느님과의 관계를 '느끼고' 싶어 한다. 어릴 적 미사 시간이나 성탄절 축제 때 느꼈던 감정을 다시 한번 체험하고 싶어 한다. 그들은 하느님과의 관계가 공허해졌다고, 기도를 바쳐도 아무것도 느낄 수 없다고 탄식한다.

하느님과의 관계는 과연 감정으로도 표현될 수 있고, 또 감정 안에서 체험될 수 있다. 하지만 그분과의 관계는 감정 이상의 것이다. 그분과의 관계는 우리가 그것을 느끼지 못한다 하더라도 존재한다. 예를 들어 어떤 친구를 당장 생각하거나 특별한 감정을 느끼지는 않더라도, 그 친구와의 관계가 늘 존재하는 것과 마찬가지다. 하느님과의 관계는 어떤 결속, 또는 신의와 밀접한 관련이 있다. 우리는 모든 생각과 행동 안에서 하느님과 관계되어 있다. 우리는 그분을 애타게 기다린다. 그분의 눈앞에서, 그분의 현존 안에서 우리가 살아간다고 마음에 그려 본다. 하지만 그분의 현존을 언제나 생생히 맛볼 수는 없고, 때로는 공허함도 느끼며, 심지어 그분의 부재를 겪기도 한다. 그럼에도 우리는 그분께서 지금 여기에 계시다는 것을 알고 있고, 더 나아가 그런 상황과 체험을 겪으면서도 우리는 그분과 관계를 맺는다. 우리는 그분 앞에서 달아나지 않지만, 특정한 종교적 감정을 느껴야 한다는 압박을 느끼지도 않는다.

우리의 관계와 하느님상

하느님상과 자기상

관계와 영성을 성찰하다 보면, 바로 '인격적 관계로서의 인간 실존'과 '인격적 하느님상'의 연관성에 대해 근본적 의문이 든다. 우리의 자기상과 하느님상이 서로 상응하는 것을, 나는 영성 상담 과정에서 거듭 목격했다. 이 같은 연관성은 우리 각 개인을 보면 쉽게 확인할 수 있다. 처벌하는 하느님상이 있는 사람은 스스로를 비난하는 경향이 있다. 하느님을 통제하는 분으로 받아들인 사람은 자신의 행동과 감정을 끊임없이 단속하는 경향이 있다. 이러한 맥락에서 인격적 하느님상, 비인격적 하느님상, 자기상, 그리고 배우자상에 대해서도 의문이 생기는데, 이것들은 우리의 인간관계에도 커다란 영향을 미치곤 한다.

몇 년 전이었다. 심리학자들이 그리스도교 영성에 대해 강연을 들으려고 나를 학회에 신학자 자격으로 초대했다. 그중 많은 이가 불교에서 길을 찾았는데, 그리스도교 교육을 받고 자라다가 마음을 다쳤기 때문이다. 계속해서 죄인 취급을 받는 것에 그들은 반발했다. 그런데 이제 다시 깨닫기를, 그리스도교에서 자기 뿌리를 찾아야겠다는 것이었다. 한 심리 치료 전문가가 자신의 상담 경험에서 한 가지 흥미로운 사실을 들려주었다. 상당수 환자가 신적 존재와의 일치나 융합에 미친 듯이 빠져드는데, 까닭인즉 단지 자신의 관계 상실을 종교적으로 포장하기 위해서라는 것이었다. 그들은 자신의 관계 불능을 애도할 준비가 안 되어 있다고 전문가는 결론을 내렸다. 애도라는 것은 반드시 고통의 과정을 거쳐야 영혼의 바탕에 이르게 된다. 하지만 그들은 영성의 길을 걷는 것을 대가로 관계 상실을 '보상'(Kompensation)함으로써 그 고통을 회피하려 든다. 하지만 이런 보상 행동은 변화를 일으키지 못한다. 관계 불능을 치유하거나, 그것에 더 적절히 대처하는 데 아무런 도움이 안 된다. 여기서 보상 행동은 자신이 직면해야 할 고통을 회피하는 행위다. 그 전형적 도식은 다음과 같다. '나는 관계 상실로 고통받고 있다는 사실을 자인하고 싶지 않다. 그래서 이미 하느님과 하나가 되었다고, 그분께 융합되었다고 상상함으로써 관계 상실을 슬쩍 건너뛸 것이다.' 그 결과 자신이 타인보다 우월하다고 여기는 경우가 많고, 끝내는 배우자나 애인과의 관계가 필요한 이들을 업신여기게 된다. 자신은 영성적으로 그런 욕구를 극복했다는 식이다. 하지만 신적 존재와의 융합은 자신의 인격적 실존도 해체해 버린다.

카를 구스타프 융과 마찬가지로 페터 쉘렌바움은 이런 '대양적 융합 감정'(das ozeanische Verschmelzungsgefühl)을 조심하라고 경고한다. 대양적 감정은 유익하지 않다. 자신의 인격적 실존에 투신하는 대신 이런 감정에 빠져들면 자신의 정체성을 상실하게 된다. 또는 다음처럼 말하며 일종의 이데올로기를 만들어 낼 것이다. "인격적 실존이란 존재하지 않는다. 내가 하느님과 일치를 이루면, 오직 순수한 실존만이 존재한다."

이것은 위험한 발상이다. 하느님상에 대한 의문이, 또한 하느님상과 인간상의 연관성에 대한 의문이 처음에는 추상적으로 보일 것이다. 이런 의문은 아주 광범위한 결과를 낳기 때문에 아래에서 조금 더 상세히 다룰 일이다. 의문을 풀어 가는 과정에서 몇몇 것이 우리에게 명료해질 것인데, 영성 생활의 이해는 물론이고, 인간관계에 대한 영성적 해석에도 중요한 영향을 미치는 것들이다.

비인격적 하느님상

불교적인 영성에서 길을 찾던 사람들이 이제는 비인격적 하느님상을 이야기한다. 그들에게 하느님은 에너지다. 하느님은 어떤 사랑이자 파동이며, 우리가 그 안에서 살아가는 영역이다. 지금부터 비인격적 하느님상에 대해 언급할 것인데, 비인격적 하느님상이 부당하다거나 그리스도교의 관점에서 부

적절하다고 주장하려는 것이 아니다. 오히려 그 반대다. 비인격적 하느님에 대한 견해는 전적으로 정당하다. 하느님은 모든 대립의 통합이다. 하느님은 인격적이고 초(über)인격적이며, 또한 비인격적이고 초(trans)인격적이다. 하지만 동시에 '나'와 마주하고, '내'게 말을 걸며, 또한 '내'게 요구하는 '너'다. 그리스도교 전통은 하느님의 인격적 실존을 더러는 너무 구체적으로 언급했고, 그래서 그분을 인간적 인격체로 혼동했다. 우리가 하느님을 부당하게 의인화했다고 말하는 사람들이 있다. 우리가 하느님에게 인간적 속성을 부여하고 하나의 불완전한 인격체로 오인했다는 것이다.

켄 윌버는 우리를 변호하여, 인격적 하느님에 대한 믿음을 참된 영성의 준비 단계로 간주한다. 그렇지만 "우리의 이기적 소망을 들어주는 인격적인 하느님에 대한 믿음이 온전히 타당한 것은 아니다. 납득할 만한 논거도 없는 데다가, 우리가 이러한 믿음에 의지할 수도 없는 일이다." 윌버가 분명히 말한 것처럼 우리는 하느님을 우리의 이기적 소원을 이루어 달라고 청하는 일종의 인간처럼 여겨 왔다. 하지만 예수는 그리하지 않았다. 우리는 그분께 오히려 예수의 이름으로 기도해야 한다. 우리의 이기심은 내려놓아야 한다. '너'이신 아버지 하느님께 드리는 기도는 자신의 욕망을 관철하고자 하느님을 이용하려는 사람의 기도와 달라야 한다. 예수는 '너'

이신 하느님을 말한다. 하지만 이 같은 '너'를 너무 구체적으로, 즉 마음씨 곱게 늙은 아버지로 상상해서는 안 된다. 행여 그런다면, 그런 하느님상을 삶에서 부딪치는 현실과 연결 짓는 데 어려움을 겪을 것이다. 선하신 아버지의 모습을 무고한 아이의 죽음이나 이 세상의 고통과 조화시킬 수 없는 것이다. 더구나 우리가 겪은 역사적 체험 자체가 우리로 하여금 지나치게 구체적이고 또 인격적인 하느님상과 작별할 수밖에 없게 한다.

그렇지만 앞서 말한 하느님 이해에 대한 문제는 이미 오래된 것으로 오늘에야 비로소, 또는 불교와의 만남 이후에야 새삼스레 제기된 것이 아니다. 일찍이 교부들은 인격적 하느님을 위해 열렬히 분투했으며, 당시 영지주의가 선전하던 초인격적 하느님에 대한 교설을 격렬히 배격했다. 하느님의 인격성을 고수하는 일은 그들에게 결코 추상적 사변이 아니었다. 인간의 존엄을 위한, 인간의 신비를 위한 투쟁이었고, 여기서 인간은 어떤 임의의 육체적·정신적 존재나 개체가 아니라, 유일회적이고 유일무이한 인격이었다. 지금도 그렇지만 교부들에게는 하느님 인격성의 고수가 인간의 인격적 실존을 수호하는 것을 뜻했다. 유다-그리스도교 전통은 인간의 인격적 실존을 줄곧 소중히 여겨 왔다. 인격주의 철학자의 대부분이 유다인이거나 그리스도인이다. 마르틴 부버, 페르디

난트 에브너, 프란츠 로젠츠바이크 등이 대표적이다. 1950년대에 그리스도교 신학과 철학은 부버의 인격주의 철학에 주목했다. 이것을 이제는 불교와 대화를 나누며 또 다른 언어로, 조금 더 심리학적이고 체험에 근거한 언어로 다시금 수용할 때이다.

관계로서의 하느님

그리스도교의 인격적 하느님상의 핵심, 즉 삼위일체 하느님상이 드러내는 것은 하느님 당신께서 '관계'라는 사실이다. 하느님은 성부 · 성자 · 성령이시다. 삼위일체 하느님상은 인간의 자기상과 결부되어 있는데, 이것이 의미하는 바는 우리 인간이 저 높은 천상에서 다스리시는 하느님께 그저 순종하고 응답하여 그분 명령을 군말 없이 받아들이기만 하는 존재가 아니라는 것이다. 오히려 우리 인간은 성부 · 성자 · 성령의 관계 속에 받아들여져 있다. 하느님의 인격성은 예수의 얼굴로 우리 모두에게 환히 드러난다. 요제프 라칭거는 『그리스도 신앙, 어제와 오늘』에서 하느님의 인격성을 그리스도교의 결정적 복음으로 본다. 라칭거는 파스칼처럼 "아브라함의 하느님, 이사악의 하느님, 야곱의 하느님"인 예수 그리스도의 하느님을 "철학자와 현자의 하느님"과 구별한다. 하느님은 단지 사유가 아니며, 그저 수리數理적으로 사고해 낸 세계도 아니다. 그분은 우리와 마주하고 있는 '너'다. 중세 신학에서도 철학적 하느님상을 성경의 인격적 하느님상과 연결 지으려 노력했다. 중세 신학에서 하느님은 일차적으로 사유가 아닌 사랑이다. 사랑은 인격적인 것이다. 인간에게로 흐르는 것이다. 사랑은 관계다.

하느님 인격성의 고수를 위한 분투와 인간상의 연관성은 명백하다. 순수한 사유이자 결국은 일종의 중성(中性)인 '철학자의 하느님'을 믿는다면 우리 자신의 인격적 실존도 또한 관계라는 것을 깨닫기가 어렵게 된다. 인격적 실존을 단지 피상적인 것으로 간주하고 인격성의 융합(그래야 인격이 순수한 존재가 된다고 생각한다)을 본질적인 것으로 판단하는 사람은 자신의 인격적 실존에 문제가 생긴다. 라칭거는 하느님상과 자기상의 이러한 연관성을 그리스인을 예로 들어 설명한다. "그리스 사상은 많은 개별 존재를, 많은 개별 인간을 언제나 개체로 파악했다. 개체는 질료(質料)에 의한 개념의 분열로 생겨난다는 것이다. 그렇게 복수화(複數化)된 것은 언제나 이차적인 것이며, 본원적인 것은 하나의 것이고 보편적인 것이다. 그런데 그리스도인은 인간에게서 하나의 개체가 아닌 하나의 인격을 본다." 개체로부터 인격으로의 이러한 전이(이것은 삼위일체 하느님의 신비를 적절한 개념과 표상으로 나타내기 위한 노력을 통해 더욱 정제되었다) 안에서 인격의 본질이 더욱 명확히 나타났다. "'인격'이라는 개념과 생각은, 다름 아닌 그리스도교의 하느님상을 위한, 그리고 나자렛 예수라는 인물 해석을 위한 투쟁 과정에서 인간 정신에 떠올랐다."

요컨대 삼위일체 하느님의 본질은 관계다. 아버지와 아들은 관계 개념이다. 서로 결부되어 있다. 게다가 성령은 그 자체로 관계를 의미한다. 성령은 관계의 발생이다. 하느님에 대한 결정적 언명인 하느님의 관계성에 대한 성찰은 인간에 대한 새로운 이해로도 귀결된다. 인간은 본질적으로 이미 '너'를 지향하며, '너'와 결부되어 있다는 것이다.

종교들의 대화를 통한 정화

인간 실존의 목적은 무엇인가?

오늘날 세계종교 간의 대화에서 중요한 문제는 유다교 영성과 그리스도교 영성이 발전시켜 온 '인격 문화'(Kultur des Personalen)와 '상호 인격 문화'(Kultur der Interpersonalität)를 인간관계 능력과 관련하여 새롭게 성찰하는 일이다. 여기서 교부들의 신학적 논쟁은 여전히 시사하는 바가 크다. 사실 서양 고대 철학뿐 아니라 불교도 인간을 총체적 정신이 개별화된 것, 즉 개체로 이해한다. 그리스철학에서 관건은 인격이 아니라 개체다. 불교에서도 총체적 존재를 강조한다. 그러므로 거기서 인간의 목적은 자신의 인격적 존재를 포기하고 온전한 존재로 변화하는 것, 신적인 존재와 동화되는 것이다. 불교 신비주의와 그리스도교 신비주의 간의 주된 차이가 바로 여기에 있다.

물론 그리스도교 신비주의도 하느님과의 일치를 중시한다. 하지만 이러한 일치에는 위격의 구별이 있음을 유념해야 한다. 신학 전통은 예수를 통한 신성과 인성의 결합을 "섞이지도 않고 나뉘지도 않는다"고 표현해 왔는데, 인간과 하느님의 일치도 이와 같다. 인간이 하느님께 융합되거나 혼합되는 것은 아니다. 인간은 언제까지나 인간으로 머무르며, 그러한 인간으로서 하느님과 하나가 되는 것이다. 이런 까닭에 그리스도교 신비주의는 인간과 하느님의 일치를 남자와 여자의 일치에 견주었다. 남자와 여자는 온전히 하나가 되면서도 여전히 각기 자신으로 머무르고, 사랑의 황홀경 속에서 자신을 벗어나 상대와 하나가 되면서도 자신을 자기 자신으로, 또 동시에 통합체로 새로이 체험한다.

앞서 간략히 설명한 사상을 염두에 두고, 오늘날 우리는 인격이란 개념을 어떻게 이해해야 할 것인가? 고대 철학에 따르면 철학자 막스 뮐러가 묘사했듯, 정신은 개인의 죽음을 통해 다시금 질료로부터 "자신의 본원적 총체성으로, 제약 없는 온전성으로, 절대와 신성으로" 해방된다. 그러나 인간을 불가침적 존엄성을 지닌 인격으로 보는 그리스도교 신앙에서는 인간이 죽음 후에도 인격으로 머무른다. 죽음으로써 인격이 해체되는 것은 아니다. 인격은 하느님과 하나가 된다. 이런 관점에서 인격적 실존이 의미하는 바는, 인격이 하느님에 의해 부름 받았다는 것이다. 요컨대 결국 인간이란, 하느님께서 당신을 드러내시는 장소가 아니라 하느님께서 몸소 말을 걸어 부르시는 인격이다. 또한 인간이란 그분을 갈망하는 그분의 상대, 인간 자신에게 말을 건네시는 그분과 일치를 이루는 상대다.

동양의 관점

이 같은 그리스도교의 관점 속에서 불교 신자들은 개인주의적인 자기중심성을 발견한다. 우리는 이런 비판을 진지하게 받아들여야 한다. 사실 '인격'이란 개념에는 자신을 절대적인 것으로 간주하여 오직 자신에게만 집착할 위험이 내재되어 있다. 그렇지만 인간은 본질적으로 늘 타인과, 또 하느님과 결부되어 있음을 우리에게 일깨우는 것이 있다. 바로 양심이다. 인격을 절대화하는 사람은, 불교가 그리스도교의 인격 개념에서 간파한 위험에 빠지게 된다. 이러한 점에서 불교와의 대화는 인격적 실존의 본질을 오늘날 새롭게 서술하는 데 큰 도움이 된다.

관건은 '동양과 서양의 관점이 전적으로 상반되는가', 아니면 '서양의 고유성을 포기하지 않으면서도 동양의 상이한 철학에서 인격 이해을 위한 어떤 요점을 배울 수 있는가' 하는 것이다. 비교종교학자 한스 요아힘 클림카이트는 아시아의 인간 이해와 서양의 인격 철학을 비교하며, 먼저 핵심적인 상이점을 정확하게 지적한다. "인격신을 알지 못하는 불교 신자에게 '너'와의 만남이란 것은 서양의 인격 개념과 마찬가지로, 자신의 자기실현에 그리 큰 의미가 없다. (실은 무의미하다.) 사실 불교 신자에게 인격성이란 근본적으로 무명無明의 표지로 간주된다."

이 관점의 필연적 결과를 묻기 전에, 물론 동양에도 (세분화된 의미에서) 개별적 인간의 가치를 인정하는 입장이 있다는 사실을 확인해 두어야 한다. 중국의 도교 철학에서는 진인眞人을 지향한다. 하지만 클림카이트에 따르면 진인은 "결코, 어떤 '너'를 상대로 행동하지 않고, 자기 고유의 중심에 기초하여 행동하며, 그 중심의 체득을 인간 실존의 성취로 여긴다." 힌두교의 핵심은 인간이 "자신과 브라흐마(Brahman, 梵)의 일치를 깨닫는 것, 자신이 곧 브라흐마임을 깨닫는 것"이다. 그런데 힌두교는 "인격으로 이해되는" 이슈바라 신과 인격적 관계를 맺기도 한다. 이런 두 관점 간의 긴장이 물론 명확한 것은 아니다. 클림카이트에 따르면 힌두교 신학은 "신의 절대적 존재와 인격적 실존을 서로 조화시키고자" 노력한다.

비슷한 긴장이 불교에서도 발견된다. 서양에서 '인격'이라 칭하는 것이 불교에서는 실존의 다섯 가지 요소(五蘊), 곧 '물질 요소'(色), '감수 작용'(受), '지각·표상 작용'(想), '의지 작용'(行), '판단·식별 작용'(識)의 일시적 가합假合일 뿐이다. 인격적 영혼이라는 의미에서의 인격적 '본질'은 없다. 그러니 여기서 인격이라는 '본질'을 고집하는 것은 망상이다. 물론 불교에는 해탈·적멸寂滅만 아니라, 자신의 정신에서 부처를 체현하는 것을 중시하는 관점도 있다. 자신 안의 부처를 깨우면, 이는 곧 자아의 발견으로, "자기 자신으로의 귀향"으로 귀결된다. 그러나 이런 자아는 타인과 만날 때가 아니라, 오직 자신의 심연에 있는 참된 생명을 깨닫고 자신을 포기할 때만 발견할 수 있다. 그때만 인간은 아미타부처가 설법한 '대자대비'를 체현할 수 있다.

그리스도교의 답변

이런 동양적 견해에 대한 그리스도인의 답변은 무엇일까? 이런 견해로부터 우리는 무엇을 배울 수 있을까? 또 우리가 경계를 그어야 할 곳은 어디일까? 일단 유사점이 있는 것은 분명하다. 하지만 간과해서는 안 될 뚜렷한 상이점 또한 있다. 유사점을 찾는 사람은, 예컨대 예수의 다음 말씀을 인용할 수 있다. "누구든지 내 뒤를 따르려면 자신을 버리고 제 십자가를 지고 나를 따라야 한다"(마르 8,34). 자신의 참된 자아를 찾으려면 그리스도인도 자아에 대한 집착을 놓아 버려야 한다. 카를 구스타프 융의 심층심리학에서는 '자아'(Ich)와 '자기'(Selbst)를 구별한다. 자아는 타인의 찬사를 받아 내려 하며 자신을 중심에 내세우려 한다. 반면 자기는 내면 가장 깊은 곳에 있는 인격의 핵이다. 자기는 하느님을 받아들일 수 있다. (이것을 불교식으로 말하자면, 자기는 "삼라만상의 영원한 바탕"이다.) 그리스도인은 자신을 중심에 내세우는 대신, 자신의 중심에 도달해야 한다. 바로 그곳에서 하느님이 머무신다. 그리스도인에게 또 요구되는 것은, 영혼 깊은 곳에서 하느님께 자신을 열고, 자아중심적 집착을 모두 내려놓는 일이다.

그렇지만 여러 표상과 사유가 유사하더라도, 우리 그리스도인은 모든 개별적 인간이 하느님께서 몸소 말을 거시는 존재임을 고수한다. 개별적 인간은 신적 바탕을 향해 곧장 나아가서, 그곳에 자신을 내맡겨야 한다. 또 개별적 인간은 언제까지나, 곧 죽음을 넘어서도 한 인격으로서 하느님께 부름을 받는다.

그럼에도 한 가지는 도교와 불교, 힌두교에서 배울 수 있다. 인간의 불완전한 인격을 절대화해서는 안 된다는 점이다. 인격의 목적은 하느님과 타인이란 '너'에게 자신을 열고, 자아에 대한 집착을 내려놓는 것이다. 아래의 두 가지 생각은 인격의 절대화를 방지하는 데 도움이 된다.

첫째 생각은 타인과의 관계를 지향한다. 특히 마르틴 부버가 자신의 대화 사상에서 타인과의 결부성을 강조했다. 인간은 '너'에게서, 곧 타인과의 만남에서 자아가 된다. 자신만 바라보는 사람은 자신의 자아는 강해지더라도 인격적 실존은 망치게 된다. 인격적 실존은 바로 타인을 향한 개방성에 그 본질이 있기 때문이다.

둘째 생각은 하느님과의 관계를 지향한다. 한편으로는 나를 한 인격으로서 부르시고, 또 생명을 주시는 하느님과의 인격적 관계가 분명 존재한다. 나는 인격적 실존 안에서 이미 하느님과 결부되어 있다. 그러나 다른 한편으로는 (여기서 우리는 불자들이 제기하는 이의에 답해야 한다.) 하느님은 '너'일 뿐 아니라, 모든 것에 두루 스며들어 작용하는 신비, 모든 것에 깃들어 있는 사랑이기도 하다. 그러니 하느님과의 관계가 순전히 인격적이기만 한 것은 아니다. 하느님과의 관계는 우리가 그분 안에서 나를 잊음으로써도, 나의 자아를 뛰어넘어 그분과 하나가 되고 그분께 사로잡힘으로써도 이루어진다. 성령에 대한 그리스도교의 사유는 신적 존재와의 일치에 대한 불교의 사유와도 일면 부합한다. 성령은 우리를 사로잡아 가득 채운다. 그리스도교 신학에서 성령은 또 다른 위격이다. 그리고 다른 종교에서 신적 정신에 의해 일어난다는 중요한 것이, 그리스도교에서는 바로 성령 안에서 일어난다. 인간은 성령 안에서 신적 존재에게 자신을 열고, 그 존재는 인간을 온통 사로잡아 변화시킨다. 성령과의 일치는 인격의 해체가 아니라, 자기 개방이자 그분 영에 사로잡히는 것이다. 이것은 만남의 차원만 아니라, 온전한 존재의 차원에서도, 곧 그분 영에 사로잡힌 실존의 차원에서도 일어난다.

구체적 결과

이것을 염두에 두고 인간의 태도와 모습에 대한, 또 심리치료와 영성에 대한 구체적인 문제로 다시 돌아오면 분명해지는 바가 있다. 그저 영성적인 방법에만 몰두하고 명상과 묵상만 행하며, 그러면서 정작 자신의 신경증적 인생관은 간과하는 태도는 위험하다는 것이다. 명상은 동양 영성만 아니라, 서양 영성에서도 유효한 방법이다. 이미 3세기부터 그리스도교에서는 여러 수도승이 이집트 사제 집단이나 피타고라스를 따르는 집단의 명상법을 본받아 수련했는데, 성경 말씀이나 '예수기도'(Jesusgebet)와 연계한 호흡법을 행했다. 명상은 우리 안의 하느님께서 머무르시는 그윽한 내적 공간으로 우리를 인도한다. 하지만 한 개인으로서의 문제를 외면하기 위해 행한다면, 명상은 변화의 방법이 아닌 도피의 수단이 된다. 심리학에서는 이를 '보상'이란 개념으로 설명한다. 보상은 문제를 직접 해결하는 것이 아니라, 문제를 다른 어떤 것으로 상쇄하는 것이다.

오늘날 훌륭한 명상가들은 (동양의 명상가들 역시) 바로 그런 점을 경고한다. 불교 수행자이자 명상가인 잭 콘필드는 아시아에 머무르던 시절, 서양에서 온 많은 사람이 명상을 통해 자신의 문제를 해결하려 하는 모습을 보았다. 그러나 그들 대부분에게 "명상은 삶의 본질적 영역에서 도움이 되지 않았다. 상당수가 마음에 깊은 상처가 있었고, 신경증을 앓았으며, 커다란 근심과 슬픔이 있었고, 대개는 자신의 문제를 피하거나 스스로에게 숨기려고 영성적 수련을 이용했다"(Kornfield 98). 자아초월심리학 전문가이자 명상가인 리하르트 슈티글러도 비슷한 관찰을 했다. 자신의 결함은 외면하고 곧장 의식의 빈자리로 도피하고 싶은 유혹을 우리는 수시로 느낀다. "하지만 이는 일종의 막다른 골목에 이를 수 있다. 이런 모습을 나는 명상하는 이들에게서 수없이 목격했다. 가령 타인과의 접촉을 아주 꺼리는 사람은, 만남을 지향하는 자아 체험 집단보다는 차라리 침묵하는 명상 수련을 택한다. 그런데 이것은 그들의 그릇된 인생관이 보상 행동을 통해 더 고착되는 결과를 낳는다. 고립이 해소되기는커녕 심화되고, 점점 더 무정한 사람이 된다." 관계 불능을 보상 행동을 통해 회피하는 것은 문제 해결에 결코 도움이 되지 않는다. 다시금 강조하지만, 관계 문제를 외면하기 위해 영성적 방법을 사용한다면 그 목적은 달성될 리가 없다.

인간의 사랑과 하느님의 사랑

사랑이란 무엇인가?

인간이라면 누구나 사랑을 주고, 또 받으려는 갈망이 있다. 인간이라면 누구나 사랑의 여정에서 성공과 좌절, 매혹과 상처, 넉넉함과 답답함, 행복한 무아경과 서로에 대한 괴로운 집착을 체험한다. 이러한 체험의 목적은 누군가가 나타나서 사랑을 향한 우리의 갈망이 무한히 충족될 정도로 우리를 사랑해 주는 것이 아니다. 고귀한 사랑에 대한 이 모든 체험의 목적은, 오히려 사랑을 향한 갈망을 새롭게 일으키는 것이다. 성취되거나 좌절되기 마련인 사랑 체험의 목적은 우리 자신이 곧 사랑이 되는 것, 우리 안에 샘솟는 사랑의 원천에, 누구도 빼앗을 수 없는 그 원천에 맞닿는 것이다. 우리 영혼의 바탕에 있는 그 사랑은 감정 이상의 것이다. 그 사랑은 실존의 한 특질이다. 궁극적으로 이는 사랑의 신적 원천으로, 요한은 자신의 첫째 편지에서 다음처럼 표현한다. "하느님은 사랑이십니다. 사랑 안에 머무르는 사람은 하느님 안에 머무르고 하느님께서도 그 사람 안에 머무르십니다"(1요한 4,16).

누군가에게 홀딱 반한 감정 이상의 것인 이 사랑을, 요한은 '아가페'agape라 지칭한다. 아가페는 순수한 사랑, 우리에게 주어진 힘 같은 사랑, 우리가 거기서 물을 긷는 샘 같은 사랑이다. 우리는 이 사랑을 영혼의 바탕에서 체험할 수 있다. 한 여성이 내게 말하기를, 바닷가를 따라 걷고 있는데 갑자기 자신이 깊디깊은 사랑으로 충만해졌다는 것이다. 그런데 그 사랑은 한 남자나 한 여자와는 무관한 사랑이었다. 존재하는 모든 것에 대한 사랑이었다. 그 순간 그녀는 오직 사랑만이 있는 것처럼 느껴졌다. 요한이 첫째 편지에서 표현한 바를 체험했던 것이다. 그녀는 사랑이신 하느님을 생생히 체험했다. 그 사랑은 감정 이상의 것이었다. 그 사랑은 그녀가 그 안에 머무는 자리였다. 그런데 그녀가 그 온전한 공간, 그 사랑의 공간을 체험한 것은 한 남자와의 구체적인 사랑을 경험한 덕이다. 우리는 한 인간과의 온전치 못한 사랑을 경험해야만 온전한 사랑을 알아챌 수가 있다. 온전치 못한 사랑이 우리를 하느님 사랑의 원천과 만나게 해 준다.

감정 이상의 것

얼마 전 대만에서 나는 불교 선사禪師 한 분과 명상 중에 체험하는 내적 공간에 대해 대화를 나누었다. 나는 그분에게 '예수기도'가 나를 사랑으로 가득 찬, 그윽한 내적 공간으로 이

끈다고 말했다. 그러자 그분은 사랑은 너무 힘들고 고단한 것이라고 답했다. 그분이 명상 중에 체험하는 것은 공空의 공간이라고 했다. 대화를 주고받다 분명해진 것은 그분이 사랑을 감정으로 보고 있다는 사실이었다. 그러나 사랑은 감정 이상의 것이다. 사랑은 실존의 한 특질이다.

요한은 누구에게나 사랑으로 가득 찬 공간이 있다고 말한다. 우리는 사랑에 대한 단편적 체험을 통해 우리 자신 안에 사랑이 있음을, 그 신비를 체험할 수 있다. 하지만 그 사랑을 기뻐하는 일에만 그쳐서는 안 된다. 그 사랑은 형제자매에 대한 사랑으로 표현되려 하는 사랑이다. 물론 무턱대고 재촉하는 것은 무의미하다. "너는 형제자매를 사랑해야 해!" 이런 식의 윤리적 촉구는 그저 양심의 가책만 남길 뿐이다. 요한은 형제자매애를 다른 식으로 권유한다. 첫째 논거는 이것이다. "하느님께서 우리를 이렇게 사랑하셨으니 우리도 서로 사랑해야 합니다"(1요한 4,11). 이 구절의 독일어 공동번역(한국어 번역도 같다 — 옮긴이 주)은 의역이다. 요한은 '~해야 한다' 대신 '빚지고 있다'라는 표현을 사용한다. 우리에게는 사랑으로 갚아야 할 빚이, 사랑 체험의 빚이 있다는 것이다. 둘째 논거는 "지금까지 하느님을 본 사람은 없습니다. 그러나 우리가 서로 사랑하면, 하느님께서 우리 안에 머무르시고 그분 사랑이 우리에게서 완성됩니다"(1요한 4,12)라는 것이다. 우리가 서로를 사랑하면 하느님을 우리 안에서 체험하게 된다. 또한 우리의 단편적인 사랑 안에서, 대개는 초라하기 그지없는 그 사랑 안에서 우리 영혼의 바탕에 있는 온전하고 완전한 하느님 사랑에 참여하게 된다.

사랑의 원천

인간의 불완전한 사랑이 우리를 하느님 사랑의 원천으로 인도한다. 또한 우리 안에 있는 이 원천이 우리의 인간적 사랑을 달리 체험하게 해 준다. 예컨대 이렇다. 한 여자가 한 남자를 깊이 사랑하게 되었지만 남자는 묵묵부답이다. 여자는 한없이 슬프다. 하지만 여기서 요한의 말을 진정으로 받아들이면 그 의미는 다음과 같다. 사랑에 빠진 내가 내 안에서 느끼는 사랑은 뭐라 해도 하느님이다. 내가 그 사랑을 느낀다면 나는 하느님 안에 있는 것이다. 상대가 내 사랑에 응하든 안 하든 아무것도 중요하지 않다. 상대가 나를 사랑하든 안 하든 거기에 목매지 않는다. 나는 내 안에 계신 하느님을 체험한다. 요컨대 사랑에 빠짐으로써 내 안에 흐르는 하느님 사랑의 원천과 접촉한다. 내 사랑에 상대가 응답하면 정말 멋진 일일 것이다. 하지만 응답이 없더라도 내 사랑까지 없는 것은 아니다. 오히려 내게는 낙담까지도, 내 안으로 들어가 사랑의 원천을 깨닫고 맛보는 길이 될 수 있다.

사랑에 빠지며 나는 내 안에 있는 사랑과 맞닿는다. 하지만 사랑에 빠짐이 곧 온전한 사랑인 것은 아니다. 카를 구스타프 융에 따르면 우리가 사랑에 빠질 때는 '투사'(Projektion)가 작용한다. 나는 내 갈망을 타인에게 투사한다. 내가 사랑에 빠진 상대의 내면에서 사랑하는 것은, 결국 나 자신이다. 나는 내 안에 있는 것, 하지만 소홀했던 것을 상대 안에서 사랑하는 것이다. 내가 홀딱 빠진 여성이 그 소홀했던 것, 그 무시했던 것을 내게 상기시킨다. 그러니 내가 할 일은 상대가 상기시키는 것을 내 안에서 의식하고 자각하고 계발하는 것이다. 그때는 '사랑에 빠짐'이 '사랑'으로 변화될 수 있다. 그 첫 단계는 사랑에 빠진 상태로부터 조금 더 자유로워지는 것이다. 상대에게 느끼는 사랑을 통해 나는 내 영혼의 잠재력과 접촉하게 된다. 그리고 그렇게 자유로워진 나는 상대를 있는 그대로 보게 된다. 사랑에 빠졌을 때는 결국 상대 안에 있는 나 자신의 모습을 사랑하는 것이다. 사랑은 사람을 맹목적으로 만든다는 말이 꼭 이런 사랑에 해당되는 것이다. 과연 나는 상대를 보는 게 아니라, 상대 안에 있는 나 자신을 보게 된다. 하지만 내가 투사를 그만두면 참된 사랑이 시작된다. 그러면 사랑도 참된 모습을 드러낸다.

나는 사랑에 빠짐으로써 그야말로 눈이 멀거나, 아니면 그 사랑이 불변의 사랑으로 변화하는 것을 체험한다. 둘 중

어떤 경우라도 사랑에 빠짐은 나를 내 안에 있는 하느님 사랑의 원천과 접촉하게 해 준다.

이러한 사실을 분명히 알려 주는 또 다른 예가 있다. 남편에 대한 사랑이 말라 버렸다고 느끼는 부인이 있다. 그녀는 자신 안에서 아무런 사랑도 느끼지 못한다. 모든 것이 그저 틀에 박힌 일상일 뿐이다. 결혼 생활에 대해 기대했던 영원한 사랑은 날아가 버렸다. 이제는 사랑에 대해 상상해 왔던 모습이 실현되지 못함을 한탄하거나 애도할 수 있을 뿐이다. 그런데 한탄만 하면 피상적인 것에 그치게 된다. 하지만 사랑의 결핍을 진정 애도하면 내 안에서 사라진 감정, 그 아래에 있는 사랑의 원천과 만나게 된다. 배우자에 대한 사랑에 낙담함으로써, 나는 내 안에 있는 사랑을 향해 부서져 열리게 된다. 하느님은 내 안에서 바로 이 사랑 속에 머무신다. 요한의 첫째 편지 말씀은 그저 낭만적으로 감동해야 할 말씀이 아니다. 오히려 그 말씀은 유한성이란 낙인이 찍혀 있는, 파편적인 사랑 체험을 어찌 대해야 하는지 내게 가르침을 준다. 인간은 누구나 친구들과 배우자, 동료 수도자와 동료 직장인이 자신에게 줄 수 있는 사랑보다 더 큰 사랑을 갈망한다. 이런 한계성, 취약성, 유한성을 애도해야만 우리는 우리 영혼의 바탕에 다다르고, 거기서 깊은 체험을 할 수 있다. 다시 말해 자신 안에서 하느님 사랑의 원천이 흐르고 있음을 깨닫는 것이다.

그리스인들은 요한이 말한 아가페 외에도 사랑의 다른 형태를 알고 있었다. 타인에게 매력을 느끼는 성적 사랑 '에로스'*eros*, '있는 그대로의 친구'에게 기쁨을 느끼는 우정 '필리아'*philia*가 그것이다. 온전한 사랑인 아가페는 근본적으로 하느님의 사랑이다. 아가페는 감정 이상의 것이다. 아가페는 일종의 능력이자 삶의 한 특질이다. 하지만 나는 아가페를 에로스적 사랑 안에서, 또한 우정 안에서 체험한다. 아가페는 다른 형태의 사랑을 길러 주는 원천이다. 요컨대 나는 사랑에 빠짐을 통해, 에로스적 사랑을 통해, 우정을 통해 하느님 사랑의 원천과 만나는 것이다. 이를 깨달음으로써 나는 마음의 짐을 덜고, 과한 기대 없이 상대를 사랑하게 된다. 그때는 상대가 유한한 사랑 속에서 내게 베풀어 주는 것들에 기뻐하게 된다.

사실 유한한 사랑이 나의 심원한 궁극적 갈망을 채워 줘야 할 까닭은 없다. 그 사랑이 나에게 어떤 전부가 되어야 하는 것도 아니다. 그 사랑은 나를 내면에 있는 사랑의 원천으로 인도한다. 요한은 말한다. 우리가 서로에게 베푸는 사랑은, 곧 우리 안에 있는 하느님 사랑을 가리킨다는 것이다. 그분의 사랑은 우리의 인간적 사랑을 완성하고, 온전하게 만들며, 궁극적 목적지로 이끌어 간다.

사랑에 대한 새로운 관점

요한이 펼쳐 보인 것은 사랑에 대한 혁명적 신학이다. 사랑은 하느님을 체험할 수 있는 현장이다. 인간적 사랑이 아무리 단편적이라도 우리는 거기서 하느님을 체험한다. 아니, 더 나아가 이 단편적 사랑 속에 우리 안의 하느님이 사신다. 우리는 거기서 내 안에 계신 하느님을 만난다.

한편으로 요한은 우리에게 사랑에 대한 새로운 관점을 보여 준다. 우리의 구체적인 사랑 체험 속에 채 이루어지지 못한 것이 남아 있음을 한탄하는 대신, 그 유한한 사랑을 통해 무한한 하느님 사랑의 원천으로 나아가야 한다는 것이다. 이 관점은 우리의 단편적 사랑에 고유한 가치를 부여한다.

다른 한편으로 요한은 우리의 사랑을 성취하는 법을 알려 준다. 결코 말라붙지 않는 하느님 사랑의 원천에 의지하면 우리의 사랑이 고갈될지 모른다는 두려움, 상대에 대한 나의 감정이 증발할지 모른다는 두려움이 사라진다. 우리의 사랑은 부서지기 쉬워도, 우리 안에 있는 하느님 사랑의 원천은 결코 메마르지 않는다. 감사하는 마음으로 이 원천으로 나아가는 사람은 다시금 새로이 사랑하게 된다. 파트너와의 사랑을 더 잘 성취하게 된다. 나는 파트너에게 절대적 사랑을 기대하지 않는다. 파트너의 유한한 사랑은 내 영혼 바탕에 있는 무한한 사랑을 가리키고 있다. 나는 파트너가 모든 갈망을 채워 주기를 기대하지 않는다. 파트너가 내게 주는 사랑이, 내 안에서 샘솟는 사랑의 원천을 향한 내 갈망을 깨워 주기를 기대할 뿐이다. 이 사랑의 원천은 결국 하느님이다.

사랑의 원천에 이르기

사랑이 말라 버린 것처럼 느껴질 때가 곧잘 있다. 하지만 우리에게는 우리 안에 있는 사랑의 원천에 이르는 길이 있다. 이 길로 나아가면 사랑의 원천이 힘차게 솟아올라 우리의 의식을 관통하고 언행과 사고를 결정한다. 이 원천으로 가는 길은 '인간적 사랑의 구체적 체험을 거쳐 가는 길'이다. 걸핏하면 마음을 닫는 형제나 성격이 까다로운 자매, 호감이 안 가는 동료에 대한 사랑을 통해 우리는 사랑의 신적 원천에 맞닿게 된다. 또한 상대에 대한 내 사랑과 나에 대한 상대의 사랑의 일상적 체험을 통해 이 원천에 이르게 된다. 그리고 상대에게 구속되어 있는 것만 같은 육체적 사랑을 통해서도, 끊임없이 상대에게 매달리게 되고, 또한 상대와의 성적 체험에 집착하게 되는 육체적 사랑을 통해서도 우리는 하느님의 이 원천으로 나아가게 된다.

　　신적 원천으로 가는 또 다른 길은 '자연에 대한 체험을 거쳐 가는 길'이다. 예를 들어 페루 원주민은 나무를 통해서도 신의 사랑이 우리에게 흘러든다고 확신한다. 많은 사람이 이 같은 체험을 한다. 가령 초원에 누워 있다가 사랑에 사로잡히는 기분을 느낀다. 초원의 꽃들에서, 부드러운 바람의 살랑거림에서, 따스한 햇볕에서 하느님 사랑을 만난다. 하느님 사랑이 자신을 어루만지고 가득 채우는 기운을 느낀다.

또한 우리는 내면 깊은 곳을 건드리는 성경 말씀을 통해서도 우리 영혼 안에 있는 사랑의 원천에 다다를 수 있다. 때로는 성경 말씀이 우리 마음을 사로잡아, 영혼의 바탕에서 졸고 있는 사랑을 깨워 일으킨다.

나는 이사야서의 다음 말씀을 내 가슴에 스며들게 한다. "네가 나의 눈에 값지고 소중하며 내가 너를 사랑하기 때문이다. 내가 너 대신 다른 사람들을 내놓고 네 생명 대신 민족들을 내놓는다"(이사 43,4). 이 말씀을 통해 사랑의 원천이 내 의식에 떠오른다. 예수의 말씀은 더없이 분명했고, 그 말씀을 통해 사람들은 이미 자신 안에 깃든 사랑을 만났다. "내가 너희에게 이 말을 한 이유는, 내 기쁨이 너희 안에 있고 또 너희 기쁨이 충만하게 하려는 것이다"(요한 15,11). 그러나 이 샘은 때때로 땅속으로 스며들려 하는데 우리가 거기에 다른 많은 것을, 즉 근심과 불안, 두려움과 일상의 찌꺼기를 집어넣기 때문이다. 그런데 예수의 말씀이 우리를 사로잡으면 우리 영혼의 바탕에서 흐르던 이 샘이 밖으로 솟아난다. 우리의 생각과 감정이 변화하고 사랑으로 가득 찬다.

영적 잠재력 깨닫기

우리의 인간적 사랑이 성취되기 위해서는 영적 체험이 필요하다. 한 인간과의 사랑에 모든 것을 기대하면 우리의 갈망은 결코 충족되지 못한다. 우리가 불행해진다. 상대에게 불만을 품고 많은 것을 강요하게 된다. 자신을 잘 사랑해 주지 않는다고 상대를 비난하고, 상대의 사랑을 더는 느낄 수 없다고 질책하게 된다. 이런 식으로 상대를 비난할수록 상대도 그 자신 안에서 사랑을 못 느끼게 된다. 비난은 사랑을 일깨우기보다 외려 몰아내기 때문이다.

중요한 것은 자신의 사랑과 상대의 사랑이 그저 평범할 뿐임을 서로 솔직히 인정하는 일이다. 평범성을 애도하면 내 영혼의 바탕으로 나아가게 된다. 그리고 거기서 하느님께서 나에게 주신 어마어마한 사랑의 잠재력을 깨닫게 된다. 그때는 두 사람이 나누는 사랑의 긍정적인 측면을 깨달을 수 있다. 그때 우리는 서로를 올바로 대한다. 서로를 존중한다. 서로를 지지한다. 서로에게 신실하다. 이 모든 것이 사랑의 표현이다. 사랑을 줄곧 감정으로만 표현할 수는 없다. 감정은 나타났다가도 사라지는 것이다. 그러나 감정 너머에 있는 사랑은, 인간적 사랑의 원천인 하느님의 사랑은 언제까지나 계속된다. 바오로가 사랑의 아가에서 노래한 것이 그것이다. "사랑은 언제까지나 스러지지 않습니다"(1코린 13,8).

관계와 내면의 그윽한 공간

영성이 의미하는 것

몇 해 전에 나는 독일 '카리타스회'Caritas로부터 '영성과 결혼 생활 상담'이란 주제로 부부치료 전문가들에게 몇 차례 강의를 해 달라는 요청을 받았다. 그 자리에 참석한 심리학자들은 처음부터 회의적이었다. 몇몇은 자기네 일에 교회가 간섭하려 한다는 불쾌한 낌새를 보였다. 그리고 자기네가 부부상담에서 심리학만 과신하고 영성은 간과한다는 비난을 받을 것이라고 지레짐작했다. 하지만 내가 이해하는 영성의 의미에 대해 설명하자 그들은 마음을 열고 큰 관심을 보였다. 부부상담에서 (부부의 입장에서 보자면 부부싸움에서) 영성이 의미하는 바는 부부가 전보다 더 많이 기도해야 한다는 것이 아니다. 그들의 갈등을 하느님께 해결해 달라고 간청해야 한다는 것도 아니다. 그런 것은 갈등 위에 붙이는 '경건한 반창고'에 불과하다. 여기서 내가 이해하는 영성은, 두 사람이 기도와 명상을 통해 각자 자신 안의 그윽한 공간으로 들어가는 것을 의미한다. 그곳은 하느님이 우리 안에서 머무시는 공간으로,

우리 안의 하느님 나라가 그곳에 있다. 우리 안의 하느님 나라가 있는 그곳에서 우리는 타인의 영향으로부터, 타인의 평가와 판단으로부터, 타인의 기대와 비난으로부터 자유롭다. 그곳에서 우리는 흠결 없이 온전하다. 거기서는 그 누구도 우리에게 상처를 입히지 못한다. 그 누구도 이 내면의 공간으로 뚫고 들어와 우리를 해치지 못한다. 우리의 본원적 모습, 진정한 모습이 그곳에 있다. 그 공간에서는 상대가 나에게 강요하는 모습에 구속받지 않는다. 나는 내 안에 계신 하느님의 본원적 모습을 깨닫는다. 이로써 나는 자유로워진다. 상대가 강요하는 모습에 얽매이지 않는다. 내 안의 하느님 나라가 있는 그곳에서 나는 순수하고 투명하다. 그곳에서 내 안의 내밀한 본질은 죄와 잘못에 오염되어 있지 않다. 결혼 생활에서 여러 잘못을 저질렀더라도, 나 자신과 상대에게 죄를 지었더라도 그것에 때 묻지 않은 본질이 내 안에 있다. 이러한 본질이 내 정체성을 지킬 수 있게 해 준다.

온전함의 체험

많은 부부가 쉼 없이 서로를 욕하고 상처를 입히며 마찰을 빚는다. 하지만 다시금 마음을 터놓고 서로를 이해하려 거듭 노력한다면 그런 일도 계속되지는 않을 것이다. 그런데 더 좋은 길이 있다. 상처를 주고받는 행위로부터 내면의 공간으로, 누구도 침해하지 못하는 공간으로 물러나는 것이다. 거기서 나는 흠 없이 온전하다. 두 사람은 이 그윽한 공간으로 물러나서 저마다 자신을 만날 수 있다. 그때는 자신의 온전함을 체험함으로써 다시금 상대에게 향할 수 있다. 더불어 마음에 상처가 되는 말을 직접적으로 받아들이지 않을 수 있다. 상대의 비난을 곧바로 받아치지 않고, 그 비난을 상대가 입은 상처의 표현으로 새겨듣게 된다. 나 자신을 자각하면, 내면의 그윽한 공간과 접촉하면 나는 더 자주적으로 상대와 관계를 맺게 된다. 거기서 나는 자유롭고 온전하기 때문이다. 그때는 무엇이 올바른 반응인지를 내가 직감적으로 알게 된다. '내면의 공간으로 물러날 것인지', '아니면 논쟁에 응할 것인지', '조금 전 벌어진 일을 서로가 납득하도록 해명할 수 있는 힘이 지금 내게 있는지' 아는 것이다.

또한 많은 부부가 결혼 생활 중에 모든 잘못을 상대에게 전가하며 비난한다. 이 같은 책임 전가는 대개 어린 시절에 그 뿌리가 있다. 어린 시절에 죄책감이 영혼 속에 각인된 것이다. 가령 어떤 딸은 엄마로부터 자신을 임신하지 않았더라면 아빠와 결혼하지 않았을 것이라는 소리를 듣는다. 부모의 힘겨운 결혼 생활이 딸 잘못이 되는 셈이다. 또는 어떤 아들은 엄마가 자신을 낳고서 수차례 혼절했다는 말을 부모로부터 계속 듣는다. 엄마의 혼절이 자신의 책임이라는 암시를 듣게 되는 것이다. 이런 일을 겪고 자란 사람은 모든 잘못이 자신에게 있다고 느끼는 경향이 있다. 이런 마음가짐을 품고 있는데 상대가 자신에게 잘못을 전가하게 되면 오래된 죄책감이 다시금 작동한다. 저항하지 못하고, 정말로 자신에게 책임이 있다고 여긴다. 하지만 그러면 나는 모든 것을 참기만 하게 된다. 나를 위해 맞서 싸우지 못하게 된다. 아니, 모든 잘못이 진짜로 내게 있다고 여기게 된다. 이런 죄책감은 자존감을 갉아먹는다. 자신이 하찮고 무가치하다고, 더구나 죄스럽다고 느끼게 된다. 이럴 때는 내가 순수하고 투명할 수 있는 곳, 내가 죄악과 허물 없이, 오점과 결함 없이 존재할 수 있는 곳을 체험해야 한다. 에페소서의 표현을 빌리자면 "거룩하고 흠 없는"(에페 1,4), 내 안의 그윽한 공간을 체험해야 한다. 어려운 결혼 생활 중에서도 나의 정체성을 지키기 위해서는 이 무결한 내면의 본질에 대한 체험이, 죄책감 따위는 지레 느끼지 않는 참된 자기에 대한 체험이 필요하다.

영성의 오용

그러나 영성이, 내면의 그윽한 공간으로 내뺌으로써 갈등과 충돌을 회피하는 것을 뜻하지는 않는다. 내면의 공간은 문제를 객관적으로 보고 올바로 성찰하는 데 도움이 될 뿐이다. 어떤 부인이 나에게 토로하기를 부부싸움이 일어날 때마다 남편은 똑같은 방식으로 반응한다고 했다. 남편이 매번 지하실로 가서 명상을 한다는 것이었다. 이런 행동에 아내는 더욱 격분했다. 남편은 아내에게 이런 식으로 말하는 셈이었기 때문이다. "문제는 당신에게 있어. 나는 아니야. 나는 온전히 내 중심을 지키고 있어. 명상으로 문제를 해결한다고." 남편은 정작 자신이 충돌을 회피한다는 사실, 그리고 영성 수련을 내세워 자신을 아내보다 우월하게 여긴다는 사실을 조금도 알아채지 못했다. 아내는 자신의 분노와 환멸을 남편에게 표현할 수 있는 기회조차 얻지 못했다. 그것을 남편은 성숙하지 못한 행동으로 간주했다. 모든 문제를 영성적으로 해결해야 한다는 것이었다. 하지만 이러한 관념의 이면에는 인간으로서의 불완전성을 직면하지 않으려는 태도가 숨어 있다. 결국 남편이 아내에게 말한 것은, 그녀가 너무 비영성적이라 모든 책임이 곧 그녀에게 있다는 것이었다. 이 같은 처신은 영성을 부부 관계나 친구 관계에서 오용하는 꼴이다. 상대의 책임 전가에 저항하기란 무척 어려운 법이다. 누구도 완전히 결백하지는 않기 때문이다.

　영성은 나 자신을 타인에게 종속되지 않게 한다. 나를 나 자신과, 또한 내 내면의 그윽한 공간과 만나게 한다. 그렇다고 내가 영성을 내세워 타인에 대한 우월감에 빠지는 것은 아니다. 오히려 나는 일정한 거리를 두면서 갈등을 마주한다.

하지만 꼬치꼬치 따져 가며 문제를 완전히 해결해야 한다는 압박감은 내려놓는다. 내 감정에 귀 기울이면서 상대의 비난에 맞설 것인지, 아니면 비난을 불만의 순간적 표출로 보아 넘길 것인지 판단한다. 상처를 주고받은 일에 대해 서로 공정하게 이야기를 나누려면 일정 거리를 유지해야 하는데, 영성이 이것을 가능하게 해 준다. 나는 내게 상처를 주는 상대의 언행을 나에 대한 거부로 여기지 않는다. 내게 준 상처를 받아들여 자세히 살펴본다. 상대와 대화를 나누며 무엇이 내 마음을 아프게 했는지 밝혀 본다. 그러면서 내 오랜 상처가 자극받았음을, 또는 나에 대한 상대의 모욕이 그저 무력감의 표출이거나 어릴 적에 입은 상처의 재발임을 깨닫는다. 이런 바탕 위에서 나는 계속 공격당한다고 느끼지 않으면서, 더불어 나 자신을 끊임없이 정당화하거나 옹호할 필요도 없이 나의 아픈 마음을 밝힐 수 있다.

영혼의 그윽한 바탕으로
두 사람의 관계 안에서 영성이 의미하는 바는 내가 상대로부터 번번이 물러나는 것이 아니다. 나는 내 감정과 욕구를 직시한다. 내 결핍을 자인한다. 나는 인정과 존중과 사랑이 필요한 사람이다. 이러한 태도를 영성적으로 말하자면 곧 겸허라고 할 수 있다. 겸허는 자신의 인간적 불완전성과 결핍을 시인하는 용기다. 그러나 일찍이 리하르트 슈티글러가 말했듯이 우리의 영성적 과제는 "충만에 이르려면 욕구가 충족되어야 한다는 생각을 포기하는 일"이다. 나는 우선 나 자신의 결핍을 시인해야 하며, 그런 다음에야 결핍이 없고 욕구불만도 없는 내 영혼의 그윽한 바탕에 이를 수 있다. 그러나 이 바탕에 이르는 길은 결핍과 고통을 거쳐 가는 길, 충족되지 않은 욕구를 뚫고 가는 길이다. 이 바탕에서 나는 흠결 없고 온전하고 충만하며, 또 나 자신과 평화롭다. 그런데 많은 사람이 자신의 욕구를 모르는 체하며 그저 지나쳐 간다. 미국인들이 흔히 말하듯이 '영성적 우회'(spiritual bypassing)를 한다. 이를테면 자기 내면의 결핍과 고통을 건너뛰고, 곧장 영혼의 바탕에 도달하고 싶어 한다. 그러나 그 그윽한 바탕으로 가는 길은 자신의 본모습을 거쳐 가는 길이다.

화해의 의식

관계의 영성적 차원은 이런저런 의식儀式을 통해서도 표현된다. 우선 여기에는 부부가 합의한 일상적 의식이 있다. 예를 들어 매일 저녁 부부가 함께 '주님의 기도'를 바치는 것이다. 상대가 들을 수 있게 분명한 발음으로 "우리에게 잘못한 이를 우리가 용서하오니, 우리 죄를 용서하시고"라고 청원하면, 다툼으로 고조된 분위기를 환기할 수 있다. 이때 지나간 하루의 모든 갈등을 새삼스레 일일이 해명하고 해결할 필요는 없다. 모호한 것을 죄다 명확히 밝혀야 한다고 부부에게 요구한다면 지나친 부담이 될 수 있다. 그러면 부부는 그 요구를 그저 방치만 할 수도 있다. '주님의 기도'를 두 사람이 또박또박 함께 외는 의식은 용서의 기회를 열어 준다. 상대를 용서하는 말을 직접 입 밖에 내지는 못하더라도 함께 기도를 외는 가운데 용서가 이루어진다.

기꺼이 서로를 용서할 마음이 있어야 부부는 오래도록 함께 살아갈 수 있다. 그래야 쉼 없이 서로를 비난하고 일일이 힐난하는 일을 거듭하지 않는다. 용서는 적절한 방식으로 표현되어야 한다. 가령 툭하면 싸우는 한 부부가 있다. 한창 싸우다가 아내가 남편에게 말한다. "그래도 당신은 예수님의 이름으로 나를 용서해야 해!" 이 말에 남편은 더더욱 화가 난다. 하필이면 화가 날 대로 나서 용서할 마음 따위는 조금도 없는 터에 그런 얄미운 소리를 들었기 때문이다. 반면 다른 한 부부는 현명한 의식을 한 가지 생각해 냈다. 두 사람 다 잘 알고 있다. 대화가 잘 안 통하거나 갈등이 생겨 집 안 분위기가 차가울 때는 문제를 당장 논의한다는 게 무의미하다. 일단 상처가 나면 대화라는 것은 벌어진 그 상처를 더 헤집을 뿐이다. 그래서 두 사람은 한 가지를 합의했다. 그런 상황을 정말 바꾸고 싶은 사람이 결혼식 때 썼던 초에 불을 붙이기로 했다. 그것이 상대에게 보내는 화해와 소통의 준비 신호가 되는 것이다. 여기에는 상대에 대한 강요가 없다. 결혼식 초의 불빛이 상대의 분노를 몰아내면 다시금 서로가 이야기를 나눌 수 있다. 두 사람은 지금껏 벌어진 일을 처음부터 되짚어 가며 하나하나 따지지 않는다. 오히려 이미 벌어진 일을 한 걸음 물러서서 본다. 초를 밝히고 마주 앉아 자신들의 결속을 지탱해 주는 것이 무엇인지 상기하면 갈등을 객관화할 수 있다. 그러면 다시 이성적으로 대화를 나눌 수 있다.

갈등을 겪는 부부를 위해 부부치료 전문가들은 화해 의식을 만들었다. 갈등과 충돌을 해결하는 데 도움이 되는 방법이다. 두 사람은 지나간 상처를 구실로 삼아 상대를 비난하거나, 상대에게 먼저 다가갈 필요가 없다고 둘러대지 않는다. 일상의 평범한 의식도 부부 관계가 깊어지는 데 도움이 된다. 주일이면 둘이 함께 교회에 가서 미사나 예배를 바치는 것(거기서 자신들의 삶을 하느님께 내어 드린다)도 매일매일 아침저녁으로 의식을 행하는 것과 같은 효과가 있다. 가령 아름다운 아침 의식을 하나 들자면 부부가 몸짓으로 서로와 가족을 축복하고 집 안에도 축복이 흘러들게 한다. 내가 그리 행동하면 상대를 달리 대하게 된다. 이제 상대는 내 마음에 상처를 주었던 사람이 아니라, 하느님의 축복 아래 있는 사람이 된다. 그리고 대화가 풀리지 않았던 어제 저녁의 불쾌한 분위기도 아침에 거실에 들어설 때는 더 이상 남아 있지 않다. 도리어 나는 축복받은 공간으로 발을 들여놓는다. 그러면 우리는 지금 함께 살고 있는 이 집을 달리 체험한다. 우리에게는 변덕스러운 기분과 감정만 있는 게 아니다. 우리 집은 하느님의 축복으로 가득 차 있다. 이것이 지금까지와는 다른 '더불어 삶'을 우리에게 가능하게 해 준다. '더불어 삶'이 잘 이루어지기 위해 모든 것을 우리 힘으로만 해야 하는 것은 아니다. 우리가 함께 걷는 길은 하느님의 축복 아래 있다. 이로써 우리는 우리 여정이 행복하리라는 믿음을 얻는다.

'주님의 기도'를 함께 바치는 것도 아름다운 저녁 의식 가운데 하나다. 우리 영혼은 '주님의 기도'를 통해 지나간 갈등과 충돌로부터 정화된다. 하루를 마무리하는 또 다른 의식으로는 두 손을 벌리고 우리의 하루를 하느님께 내어 드리는 것이 있다. 그분의 판결에 자신을 맡긴다. 자신을 정당화하지 않으며, 또 자책하지도 않는다. 지난 하루를 있는 그대로 그분께 바친다. 그러면 우리는 하루를 내려놓을 수 있다. 가슴 위로 두 팔을 엇갈려 포갠다. 이것은 각자가 자신을 위해 행하는 의식이다. 내가 단지 한 남자의 아내나 한 여자의 남편만은 아니라는 것, 내가 나 자신으로 살아도 된다는 것을 깨닫게 된다. 또한 하느님께서 사시는 내 안의 공간이, 근심도 문제도 갈등도 상처도 범하지 못하는 그 그윽한 공간이 있음을 느끼게 된다. 그 공간에서는 하느님께서 본디 우리에게 뜻하신 우리 자신의 본원적 모습을 마주한다. 내적 자유를 체험한다. 이제는 내가 타인과의 관계를 기뻐한다. 하지만 내가 관계를 통해서만 아니라, 자신의 중심을 통해서도 살아가고 있음을, 나 자신의 유일무이한 삶을 내가 살아가고 있음을 깨닫는다.

두 팔을 엇갈려 포개는 몸짓은 자신을 포옹하는 몸짓이기도 하다. 상대로부터 사랑을 느낄 수 없다고 한탄하는 대신, 내가 나 자신을 안아 준다. 내 안에 있는 모순을, 곧 강함과 약함, 건강함과 병듦, 사랑스러움과 밉살스러움, 성한 것과 상한 것, 충만함과 부족함을 껴안아 준다. 그러면 이러한 자기 포옹 속에서 평안함에 이른다. 그리고 내가 하느님께 다정히 얼싸안겨 있음을 느낀다.

성과 영성

상반된 경향들

영성사史에서 성은 거듭 중요한 역할을 해 왔다. 모든 종교에는 두 가지 상반된 경향이 존재한다.

한 가지 경향은 성을 악으로 낙인찍고 영성의 적으로 간주하는 것이다. 이 경향에 따르면 성을 행하면 우리 정신이 하느님에게서 떨어져 나간다. 그래서 성을 억제하거나 재갈을 물려 우리와 하느님의 관계를 방해하지 못하게 해야 한다.

다른 한 가지 경향은 성을 영성의 원천으로 보는 것이다. 대표적으로 불교에는 탄트라 전통이, 그리스도교에는 신비주의 경향이 있다. 성의 갈망은 망아忘我를 지향한다. 사람들이 열망하는 본원적 망아는 하느님 안으로의 망아다. 신비주의자들, 특히 여성 신비주의자들은 하느님 체험, 그리고 하느님과의 일치를 에로틱한 언어로 묘사했다. 그들은 성을 하느님과 자신의 관계 속으로 온전히 통합했다. 심리학적으로 볼 때 그들은 성을 승화했다고, 더 높은 차원으로 끌어올렸다고 말할 수 있다.

초월의 잠재력

둘째 경향에 대해 무엇보다 궁금한 점은, 실제로 우리가 성을 통해 타인과의 관계와 하느님과의 관계를 심화할 때 그러한 경향이 얼마나 도움이 될 수 있는가 하는 것이다. 부부치료 전문가이자 신학자인 한스 옐루셰크에 따르면 성에는 초월의 잠재력이 들어 있다. 성행위를 할 때 초월의 잠재력은 죄다 발산되거나 소진되지 않고 외려 새로 깨어난다. 활기차게 발산되는 성은, 그 자체를 초월하는 것을 가리킨다. 성을 약화하기보다 증진한다. 정작 문제는 많은 부부가 성에 대해 지나친 기대를 품고 있다는 것이다. 그들에게 성은 자신을 초월할 수 있는 유일한 기회다. 하지만 이 같은 초월이 하느님을 향해 더 나아가지는 않는다. 자신의 성을 이런 식으로 이해하는 사람은 성에 집착하며, 성이 자신을 초월로 이끌어 주기를 기대한다.

『에로스, 코스모스, 로고스』에서 켄 윌버는 19세기에는 사람들이 초월에 대한 감수성을 상실한 탓에 성을 관심의 중심에 놓았다고 강조한다. 인간이 하느님의 신비에 대한 직감을 잃었고, 성이 그래서 인간의 유일한 신비가 되었다. 인간은 오직 성을 중심에 두고 그것만 맴돈다. 윌버는 또 말한다. "성은 그야말로 신비적인 '아우라'*Aura*를 획득했다. 인간이 '리비도'Libido에서 취할 수 있는 것을 훨씬 더 넘어서는 위상과 능력과 권위가 성에 귀속되었다." 성을 종교의 대체물로 만든 것은 성에 대해 과도한 것을 바라는 꼴이다. 인간은 도덕이란 완고한 족쇄에서 풀려났다. 그러나 이제는 성이란 족쇄가 채워진 인간은 성으로부터 행복을 기대하지만 자신이 꿈꾸는 행복을 그대로 얻지는 못한다.

성이 초월을 향해 열려 있음을 안다면 부부는 성에 대해 과도한 기대나 요구를 하지 않으면서 성생활을 할 수 있다. 성욕에 한없이 집착해서 삶을 더 힘들게 만드는 부부가 많다. 그런데 남편과 아내는 입장이 판이할 수 있다. 가령 아내가 성행위를 거부한다고, 자신의 욕구를 알아주지 않는다고 남편이 아내를 계속 비난한다. 반면 아내는 강요당한다고 생각한다. 강요를 느낄수록 그만큼 더 거부하고 물러서며 자신을 방어한다. 부부는 성을 그 독점적 지위에서 끌어내려야 한다. 그래야 성이 두 사람에게 모두 이로우며, 그들을 행복의 체험으로 거듭 이끌 수 있다. 성행위가 잘 이루어지면 남편과 아내는 서로 하나가 되는 체험을 한다. 그때 부부는 공명共鳴과 망아와 헌신의 차원을 어렴풋이 알아채며, 이로써 '생명의 충만과 행복을 향한 그들의 갈망'이 일순간 채워진다. 하지만 이 갈망이 한 번의 체험으로 영원히 충족되지는 않는다. 성행위를 통한 행복의 체험은 늘 새롭게 이 갈망을 깨워 일으킨다. 우리는 이 갈망의 방향을 그저 성에만 맞춰서는 안 된다.

성을 뛰어넘어야 한다. 이 갈망을 영원히 충족해 줄 수 있는 유일한 존재에 맞춰야 한다. 그래야 이 갈망을 바르게 추구할 수 있다. (덧붙여 말하자면) 이것은 영성 전통에서 금욕적 사랑과 절제하는 성을 설명할 때 말하는 바이기도 하다.

쾌락과 금욕에 대한 평가

그리스철학은 쾌락(욕구, 육욕)을 행동의 추동력으로 이해했다. 그러나 거기에 인간이 지배될 수 있다는 위험성도 인식했다. 그래서 인간의 정신적 측면을 강조하며, 인간을 이성적으로 규정된 형태의 즐거움으로 인도하려 했다. 초기 교회는 쾌락을 아주 부정적으로 평가했다. 특히 아우구스티누스는 쾌락을 죄악에 떨어진 인간의 표지로 이해하며, 구원된 그리스도인의 즐거움과 쾌락을 비교했다.

    이 같은 비관적 관점에 맞서, 중세의 냉철한 신학자 토마스 아퀴나스는 쾌락에 대해 신학적으로 매우 긍정적으로 언급했다. 그에게는 쾌락도 하느님께서 창조하신 어떤 선한 것이다. 쾌락에는 자기실현의 충동이 있다. 토마스 아퀴나스에게 참된 즐거움이란 선에서 비롯되는 것이다. 그는 육체적 쾌락과 정신적 쾌락을 달리 보지만, 둘을 완전히 갈라놓지는 않는다. 둘에는 유사한 가치가 있다고 여긴다. "그러므로 감각에 의지하는 선 또한 전인(全人)의 선이다." 전인에게는 육체적 쾌락도 일종의 "지고한 선"이다. 육체는 영혼이 하느님께 얻을 수 있는 즐거움에 참여한다. 영혼과 육체는 긴밀히 결합되어 있기 때문에 "육체는 일정한 의미에서 지복至福에 참여하며, 망아적 사랑으로 사랑받을 수 있다." 요컨대 토마스 아퀴나스에게는 성적 쾌락도 하느님께서 선사하신 즐거움의 일부다. 그의 관점에 따르면 예수 역시 쾌락을 느꼈다. 예수는 인간 본성을 온전히 취했기 때문이다. 아니, 토마스 아퀴나스는 예수가 우리보다 더 큰 쾌락을 느꼈다고 생각한다. "본성이 순수할수록, 육체가 민감할수록 쾌락도 그만큼 더 크기 때문이다." 그는 쾌락이란 것을 몸으로도 체험해야 하느님을 즐거워하는 것도 더 커진다고 믿는다. 순수하게 정신적인 쾌락은, 자기완성을 위해 육체의 쾌락을 필요로 한다.

심리학에서는 누구보다 지그문트 프로이트가 인간학적 차원에서 이 주제에 몰두했다. 그의 연구에서 핵심은 쾌락의 추구다. 인간은 온 힘을 다해 쾌락을 추구하며 불쾌는 어떻게든 회피한다. 물론 인간이 언제나 쾌락을 체험할 수는 없다. 쾌락을 추구하되 현실과 타협해야 한다. 그리고 여기에는 자아 포기가 수반된다. 프로이트는 오래된 그리스어 개념인 '금욕'(Askese)에 주목한다. 프로이트에 따르면 자신의 온갖 욕구를 즉각 충족해야 하는 사람, 모든 쾌락에 쉬이 굴복하는 사람은 강한 자아를 만들어 갈 수 없다. 그래서 자아 형성과 쾌락 향유에는 금욕, 곧 쾌락의 일시적 포기가 분명 필요하다. 그러나 이 포기가 쾌락을 악으로 낙인찍는 방향으로 나아가서는 안 된다. 오히려 이로써 쾌락이 올바로 배양되고 인격적 체험으로 인도되어야 한다.

그리스도교 영성 전통에는 쾌락을 부정적으로 보는 유파가 다수였다. 모든 유파가 토마스 아퀴나스의 낙관적 관점을 따르지는 않았던 것이다. 쾌락과 금욕이란 주제를 오늘날 새롭게 성찰하는 일이 그래서 중요하다. 금욕이 우악스러운 억제로 귀결되면 안 된다. 그러면 금욕은 결국 인간을 추동력 없는 존재로 만들어 버린다. 또 한편으로는 금욕의 쾌락이란 것도 있다. 내 삶을 내 손으로 만들어 가려는 욕구가 있을 때, 이로써 육체적 쾌감도 높아진다.

프리드리히 니체는 쾌락에 적대적인 그리스도교에 맞서 저항했다. 그리스도교는 인간에게서 쾌락을 빼앗고, 온갖 곳에서 그저 죄만 찾는다는 것이었다. 니체의 아버지는 개신교 목사였다. 아버지로부터 편협하게 배운 그리스도교에 맞서며 니체는 '생동하는 종교를 향한 깊은 갈망', '하느님과의 관계에도 큰 영향을 미치는 쾌락을 향한 깊은 갈망'을 느꼈다. 자신이 갈망하던 쾌락, 하지만 지병 탓에 스스로 만족할 만큼 체험하진 못한 쾌락에 대해 니체는 선언한다. "모든 쾌락은 영원을 열망한다! … 깊디깊은 영원이 되고자 한다." 니체가 말한 쾌락은 만족의 일시적인 체험이 아니다. 그가 말한 것은 온몸을 관통하는 체험, 인간의 육체와 영혼을 떨게 하고 마음 속 저 깊은 곳에서부터 뒤흔드는 체험이다. 이 쾌락에는 영원을 얼마간 맛보는 체험, 궁극적으로는 하느님을 맛보는 체험이 내포되어 있다. 이 쾌락이 지향하는 것은 그 자체를 뛰어넘는 일종의 종교적 차원이다. 온 감각으로 쾌락을 체험하는 사람은, 쾌락을 향한 우리의 깊디깊은 갈망을 유일하게 채워 줄 수 있는 영원한 하느님을 어렴풋이 예감한다.

에로스와 성

그리스도교 전통에서는 에로스와 성이라는 두 개념이 흔히 혼동되어 왔다. 두 개념은 순수한 사랑이자 하느님의 사랑인 아가페와 대립되는 것으로 이해되었다. 특히 개신교 신학자 안더스 니그렌은 에로스를 아가페와 화합할 수 없는 것으로 간주했다. 그리스도적 사랑(아가페)은 낮은 자에게로 향하는 반면, 에로스적 사랑은 마음이 맞는 자를 향한다는 것이었다. 그러나 일찍이 토마스 아퀴나스는 에로스와 아가페를 늘 함께 다루었다. 기원을 따지자면 에로스와 성은 동일시할 수 없다. 에로스는 성을 인간화한다. 에로스는 성의 정신적 차원, 감각적 차원을 가리킨다. 플라톤에게 에로스는 영혼의 수레에 날개를 달아 주는 것이었다. 요컨대 에로스는 인간뿐 아니라, 인간을 넘어 하느님을 지향하도록 우리를 충동하는 힘이다. 그리스의 또 다른 걸출한 철학자 아리스토텔레스는 에로스를 인간 내면의 모든 대립을 통합하는 힘, 인간 사이와 인간 내면의 모든 파편을 생기 있게 극복하는 우주적인 힘으로 지칭했다. 인간 자신의 욕구와 결핍을 채우라고, 그래서 온전해지라고 인간을 부추기는 힘이 바로 에로스다.

구약성경에서는 아담과 하와의 낙원 추방이나, 야곱과 그의 두 아내(레아와 라헬) 사이의 사랑 같은 에로틱한 이야기를 창세기가 전해 준다. 아가는 남녀간의 에로틱한 사랑을 아름다운 표상으로 찬미한다. 신약성경에서도 아가의 이 찬미가 다시 언급되는데, 요한 복음서는 마리아 막달레나와 예수의 만남을 이야기하며 아가 3장의 의미를 더 높은 차원으로 승화한다. 요한에게 예수 부활 사건은 일종의 에로틱한 사건, 곧 사랑이 죽음에 승리한 사건이다. 특히 아우구스티누스 이래로 그리스도교 전통은 에로스를 자기애로, 그저 육체적일 뿐인 부정한 욕구로 의심해 왔다. 그러나 신비주의는 그리스도교 영성의 에로틱한 차원을 거듭 강조했다. 오늘날 우리에게 중요한 과제는 에로스와 성을 대립되는 것으로 보지 않고, 이 둘을 다시금 연결 짓는 일이다. 베네딕도회 수도자이자 윤리신학자인 베른하르트 슈퇴클레는 그 까닭을 이렇게 말한다. "신앙인이 하느님께서 주신 온갖 좋은 선물의 진가를 인정할 줄 모른다면 자신의 하느님과 일치하여 살아갈 수 없다. 이 선물 가운데는 분명 에로스라는 선물도 있다."

탄트라와 신비주의

힌두교에서 나온 세계관인 탄트라에서는 이원성의 극복과 통일성의 체험이 중요한데, 성을 소진할 정도로 즐기지는 않으면서 성을 증진하는 기법을 발전시켰다. 탄트라는 성을 탐욕에서 해방하기 위해, 성이 사랑의 온전한 표현이 되게 하기 위해, 인간이 애써 추구한 통합의 표현이 되게 하기 위해 성을 정련하고 배양해 왔다. 하지만 그리스도교에서는 이에 상응하는 기법이 발전되지 못했다. 그럼에도 신비주의가 성의 영성적 차원을 인식하고, 하느님과의 일치 체험을 에로틱한 언어로 묘사했기는 했다. 예를 들어 마그데부르크의 메히트힐트(1208~1282)는 하느님께서 영혼에게 마련해 주시는 사랑의 잠자리에 대해 말했다. 그녀는 하느님과 인간의 일치를 "달콤한 포옹", "영혼의 입맞춤"이라 이름 붙였다. 네덜란드의 여성 신비주의자 안트베르펜의 하데비치(1230~1260)는 자신이 체험한 그리스도와의 일치를 남녀가 성적 사랑에서 체험하는 일치로 묘사했다. "그분께서 나를 당신 팔로 온전히 감싸 안았다. 나는 내 심장의 인간적 욕구를 따라 내 모든 지체로 그분 사랑의 행복을 충만히 느꼈다."

신비 체험은 분명 일종의 에로틱한 체험이다. 하지만 성이 어떻게 영성으로 변화되는지, 또 성이 영성과 어떻게 연계되는지에 대해 신비주의 문헌에서 구체적인 가르침이 발견되지는 않는다. 그럼에도 오늘날 영성의 중요한 과제는, 성이 탐욕과 충동적 본능에서 해방되어 사랑의 인간적 표현으로 변화되는 구체적인 길을 제시하는 일이다. 이 길은 성을 거부하거나 악으로 낙인찍는 길이 아니다. 여기서 전제는 성을 하느님의 선한 선물로 인정하는 일이다. 그러나 현실적으로는 우리 성의 파편성과 취약성에도 유념해야 한다. 성을 잘 행한다는 것은 절로 되는 일이 아니다. 유년 시절의 성적 학대를 비롯해, 다른 수많은 침해 요소가 있다. 이 같은 학대는 인간이 당할 수 있는 가장 심각한 침해 중의 하나다. 또한 부부나 연인 간의 성생활에서도 많은 침해가 거듭 발생한다. 인간은 성적 행위를 통해 모든 경계를 뛰어넘어 상대와 가까워진다. 그런데 상대를 광적으로 난폭하게 대하면, 탐욕적·충동적으로 대하면, 인격을 멸시하면 상처를 입히게 된다. 그래서 성생활에는 상대의 신비에 대한 경외, 온전한 사랑, 깊은 애정, 그리고 알아차림이 필요하다. 또한 인간적인 친교와 애정을 체험하는 가운데 하느님의 에로틱한 친교를 어렴풋이 깨닫는 에로스, 포착할 수 없는 하느님의 사랑에 자신을 열어 보이는 에로스가 필요하다.

타인의 신비

앞서 언급한 성에 대한 모든 태도는 결국 영성적 태도를 뜻한다. 모든 영성의 목표는 사랑이다. 그리스도교든 불교든 힌두교든, 어떤 종교의 영성가든 강조하는 것이 알아차림과 존중이다. 우리는 경외를 말할 때, 특히 하느님에 대한 경외를 떠올린다. 하지만 인간의 신비에 대한 경외, 타인의 신비에 대한 존중도 필요하다.

17세기 여성 작가 애프라 벤은 언젠가 말했다. "사랑이 신비이기를 그치면, 사랑이 기쁨을 주는 것도 그친다." 성적 사랑에서 상대의 신비를 망각하면 성행위는 그저 신체 운동에 지나지 않는다. 상대에게 자신을 내어 주며 상대의 신비를 알게 될 때, 비로소 참된 헌신이 이루어진다. 타인의 신비를 안다는 것은 근본적으로 깊은 영성의 표현이다. 성은 그저 격정 끝에 찾아오는 '절정'의 무의미한 재생산에 그치는 것이 아니라, 영원한 기쁨이 될 수 있다. 성은 이미 그 자체로 영성을 지향하기 때문이다. 성의 영성적 차원의 본질은, 타인에게 헌신할 때 그것이 결국에는 생명에의 헌신, 절대적 사랑에의 헌신임을 언제나 의식하는 데 있다. 나는 한 구체적 인간에게 나를 내어 주며 그와 하나가 된다. 그런데 이로써 나는 모든 존재의 바탕, 모든 사랑의 바탕과 하나가 된다. 철학자 발터 슈바르트는 다음과 같이 표현했다. "모든 성행위는 … 완전성을 향한 약진躍進, 하느님과 세계의 재융합에 대한 전희前戱다." 성이 하느님과의 일치라는 신비적 차원을 향해 열려 있다는 바로 이 사실이, 성행위에 신비의 아우라를 부여한다. 이처럼 성행위는 신비로 보전되며, 인간은 이 신비를 언제나 새롭게 추구하게 된다. 신비가 사라지면 성은 천박해질 위험이 있다.

유다교 신학자 슈물리 보테악도 비슷한 생각을 했는데, 한 저서에서 '우주적인 성'을 이야기했다. 보테악이 중시하는 것은 성적 극치감(오르가즘)이 아닌, 인격적 친밀함과 정서적 아늑함을 일으키는 성행위다. 여기에 일종의 영성적 특질이 있다고 그는 생각한다. 이러한 영성적 특질을 내포한 성행위만이 근본적으로 인간의 존엄성에 부합하는 것이다. 이 같은 성행위 속에서 두 사람은 육체와 영혼으로, 감정과 마음으로, 또 영적 갈망으로 서로를 온전히 대한다. 이렇게 서로를 만남으로써 인간은 하느님께 자신을 열며, 서로 하나가 되고 또 하느님과 하나가 된다. 구약성경에는 성적 사랑의 영성적 차원이 아주 생생히 드러나 있다. 남자와 여자가 성행위를 통해 서로 하나가 되는 것을 구약성경은 '알다'라는 낱말로 표현한다. 그러니 성행위는 그저 육체적 감각의 충족이 아니라, 앎의 지고한 형태다. 구약성경학자 헤르베르트 하그에 따르면 구약성경의 인물들에게 '앎'이란, "상대를 남자나 여자로 발견하는 것이다. 헌신을 통해 자신을 상대에게 열어 보이고, '앎'을 통해 상대의 깊디깊은 본질과 상대의 유일무이를 깨닫는다." 남편이 성행위를 통해 아내를 알게 되면, 한순간 문득 그에게 그녀의 신비가 열린다. 남편은 육체적으로만 아니라, 정신적이고 영성적으로도 아내와 가까워진다. 그녀의 본질을 알게 되며, 동시에 자기 자신을 더 잘 알게 된다. 이처럼 구약성경에서 성은 앎과 결부되어 있다. 구약성경에서 성은 남녀의 신비에 대한 앎이다. 주로 죄라는 맥락에서 성을 다루어 온 우리 그리스도교의 성윤리는 이 앎을 잃어버렸다.

신비적 표상들

창세기에는 이렇게 쓰여 있다. "그러므로 남자는 아버지와 어머니를 떠나 아내와 결합하여, 둘이 한 몸이 된다"(창세 2,24). 아내와 한 몸이 되는 것에 매혹되어 남자는 부모와의 관계를 뒤로하고 거기서 벗어난다. 이것을 창세기는 하느님께서 정하신 일로 본다. 하느님은 인간을 남자와 여자로 창조하셨다(창세 1,27 참조). 두 번째 창조 설화는 이것을 하느님께서 아담의 갈빗대로 하와를 지으셨다고 표현한다. 하느님이 아담에게 그의 아내를 데려오시자 아담이 환호한다. "이야말로 내 뼈에서 나온 뼈요 내 살에서 나온 살이로구나! 남자(isch)에게서 나왔으니 여자(ischah)라 불리리라"(창세 2,23). 요컨대 남자와 여자는 본질적으로 서로에게 속해 있다. 이것을 구약성경은 어근이 같은 이름을 통해 한 번 표현하고, 남자 갈빗대로 여자를 지은 일을 통해 또 한 번 표현한다. 남편과 아내는 가장 깊은 곳에서 서로 긴밀히 결속되어 있다. 그래서 다시 하나가 되기를 거듭 갈망하는 것이다. 두 사람이 하나가 될 때, 하느님과 인간의 본원적 일치가 재현된다.

이러한 표상을 통해 성경은 철학자 플라톤이 전해 준 다음과 같은 그리스신화에 응답한다. 인간은 원래 공 모양의 한 형체였는데, 인간을 시기하는 신들에 의해 둘로 베였다. 그 후 인간은 이리저리 헤매며 다른 반쪽을 애타게 찾는다. 다시 말해 근본적으로 성적 사랑에는 온전성을 향한 갈망이 궁극적 동인으로 내재되어 있는 것이다. 남자 혼자서는 자신을 온전한 인간으로 느끼지 못하고, 이는 또한 여자도 마찬가지다. 수도승처럼 여자와의 생동하는 성적 관계를 포기한 사람은, 그래서 남녀간의 일치를 자신 안에서 실천해야만 이 온전성을 체험할 수 있다. 여기서 그리스인들은 남성과 여성을 자신 안에 함께 가진 양성兩性 인간에 관해 말한다. 그리고 디오니시우스 아레오파기타는 '수도승'(monachos)이란 낱말이 '단일성'(monas)에서 나왔다고 해석한다. 그렇다면 수도승은 그리스 신화가 말하는 본원적 단일성을 체현하는 사람이다. 인간은 여자와 하나가 될 때만 온전해진다는 고대의 신화가 이렇듯 수도생활에 대한 영성적 관점에도 반향을 남긴다. 남자가 여자와 성적으로 합일하려 하지 않는다면, 적어도 자기 내면에서 남성과 여성을, '아니마'anima와 '아니무스'animus를 통합해야 한다.

신약성경에서의 성과 영성

신약성경은 성과 영성이란 주제에 대해 도움이 될 만한 것을 거의 말해 주지 않는다고 흔히들 생각한다. 그러나 성과 영성의 긴장을 염두에 두고 바오로 서간과 요한 복음서를 읽어 보면, 실로 경탄할 만한 언명을 발견하게 된다. 요한 복음서에서 예수는 '머무르다'(menein, 살다)라는 낱말을 거듭 언급한다. "내 안에 머무르고 나도 그 안에 머무르는 사람은 많은 열매를 맺는다. 너희는 나 없이 아무것도 하지 못한다"(요한 15,5). 또한 촉구한다. "너희는 내 사랑 안에 머물러라(살아라)"(요한 15,9). 두 사람이 서로 사랑하면 서로 상대의 마음속에 머무르게, 곧 살게 된다. 두 사람이 서로 사랑하면 남자의 음경이 여자의 내밀한 영역인 질 속으로 들어가는 성행위를 상대 안에서의 머무름(삶)의 정점으로 체험하게 된다. 예수의 말씀은 에로틱하게 채색되어 있다. 이 말씀은 신앙의 목표를, 곧 '예수의 사랑 안에 머무름', '그분 마음의 가장 깊은 곳에 삶'을 표현하기 위해 에로틱한 체험을 이용하는 것이다.

사람들은 성에 대한 바오로의 모순된 태도를 비난해 왔다. 그러나 당시 코린토의 세태를 배경에 두고 바오로가 남긴 글을 읽어 보면, 성과 영성의 관계에 대한 놀라운 언명이 담겨 있음을 깨닫는다. 코린토 사람들은 몸이 바라는 것이라면 곧바로 그냥 주어야 한다고 생각했다. 몸이 허기를 느끼면 곧 먹어야 하고, 몸에 성욕이 생기면 곧 채워야 한다고 생각했다. 하지만 바오로는 반대했다. 한스 J. 클라우크는 코린토서 주석에서 강조한다. "절대로 몸은 부수적인 것이 아니다. 몸은 본질적으로 인간의 인격적 실존에 속한다."

요컨대 바오로는 몸을 적대한 것이 아니라 우호적으로 논증했다. 몸은 하느님 체험의 중요한 현장이다. 우리는 몸으로써, 온 인격으로써 그리스도에게 속한다. 그러니 그리스도와의 관계에서, 그리고 그리스도의 몸이기도 한 교회 공동체와의 관계에서 우리의 몸을 배제할 수는 없다. 코린토의 상당수 그리스도인은 성의 만끽이 그리스도와의 관계와 전혀 무관하다고 주장했다. 그로써 그들은 당시 만연했던 매춘에 대한 자신들의 뻔뻔한 입장을 정당화했다. 코린토에는 창녀가 많았다. 그들은 자신이 창녀에게 들락거린다 해도 예수 그리스도와 자신의 관계에는, 또한 그리스도의 몸인 교회 공동체와 자신의 관계에는 아무런 영향도 미치지 못한다고 생각했다. 이에 맞서 바오로는 '몸의 존엄'과 '몸과 그리스도의 관계의 존엄'을 분명히 밝힌다. 성은 몸의 표현이며, 따라서 온 인격의 표현이다. 나와 그리스도의 관계는 몸을 대하는 나의 태도와도 관련이 있다. 나의 영성은 성에 대한 나의 태도와도 그래서 관계가 있다. 성을 온전히 인격적으로 향유할 때, 나의 온 인격이 사랑으로 말미암아 성으로 표현될 때, 그리고 상대를 한 인격으로서 마주할 때 마침내 나는 성을 합당하게 실천하는 것이다. 자신의 성에 지배당하는 사람은, 스스로 한 인격으로서 성을 실천하는 것이 아니다. 충만한 성에는 내적 자유와 자아로부터의 자유가 필요하다. 그런데 이는 결국 영성적 태도이기도 하다. 내 자아를 내려놓고 상대에게 나를 온전히 내어 줄 때, 이로써 나를 사랑에, 궁극적으로는 하느님께 내어 줄 때 비로소 상대에 대한 성적 헌신이 이루어질 수 있다.

| 2부 |

무엇이
사랑을 북돋우는가?

관계 배양의 영성적 요소

앞에서는 현대인의 고질병인 관계 상실을 고찰했다. 그러나 관건은 우리의 관계를 위태롭게 하는 것만이 아니다. 무엇이 관계를 촉진하는가 하는 문제도 중요하다. 나는 모든 부부 관계에서, 여러 애인 관계에서 중요한 구실을 하는 몇 가지 주제를 살펴보고자 한다. 여기서 이것을 체계적으로 다룰 수는 없으며, 또 모든 긴장과 갈등의 해법을 아는 체할 수도 없다. 그래도 이것에 대해 거론하며, 긍정적 관계 배양에 중요하다고 여겨지는 견해들을 전하고자 한다.

맨 먼저 중요한 문제는, 관계에서 영성이 의미하는 바가 대체 무엇인가 하는 점이다. 두 사람이 같은 신앙을 따르거나, 종교적 실천을 함께하는 것이 영성이 뜻하는 바의 전부일까? 영성은 결혼 생활의 갈등에 대한 경건한 위로일까? 영성은 서로 사랑하고 화합하며 인내해야 한다는 요구 이상의 것일까? 이런 것에 국한된다면 영성은 윤리적 요구와 별반 다르지 않을 것이다. 윤리학에서 요구하는 외적 규범이란 틀이 부부 관계나 일정한 의무를 지는 애인 관계의 성공에 분명 도움이 될 수는 있다. 그러나 관계에 있어 영성은 그 이상을 의미한다.

표상들로부터 해방되기

베르톨트 브레히트는 『K씨가 어떤 사람을 사랑했을 때』라는 제목의 소품에서 관계를 빈번히 좌절하게 만드는 것의 핵심을 집어냈다. K씨가 질문을 받았다. "당신은 어떤 사람을 사랑할 때 무엇을 하세요?" K씨가 답했다. "그에 관해 설계도를 그리지요. 그리고는 비슷해질까 걱정하지요." "누가요? 설계도요?" K씨가 말했다. "아니요, 그 사람이 설계도와 비슷해질까 봐요." 상대에 대해 그럴듯한 설계도를 그리는 것이, 나 자신의 표상을 상대에게 투사하는 것이 관계를 죽음에 이르게 한다. 영성에서는 바로 이러한 자아중심적 '고착'(Fixierung)의 타파가 중요하다.

여기서 결국 관건은 우리 일상을 뛰어넘는 것에, 불완전한 인간의 삶 너머를 가리키는 것에 자신을 여는 일이며, 또 하느님을 찾으려고 애쓰는 일이다. 하느님은 사실 포착할 수 없는 존재다. 우리 인간이 하느님에 대해 말하고 그분과 관계를 맺으려면 표상이 필요하다. 그러나 동시에 우리는 알고 있다. 하느님은 모든 표상 너머에 계신다. 구약성경에는 하느님 상을 만들어서는 안 된다는 금령이 있다. 상대에 대한 표상을 만들지 않는 것도 남녀 관계에서 영성적 요소라고 나는 생각한다. 물론 우리 안에는 상대에 대한 표상과 생각이 있다. 또 우리는 날마다 새로운 표상을 만들어 낸다. 그러나 영성이 의미하는 바는 상대를 어떤 표상에 붙박아 놓아서는 결코 안 된다는 것이자, 상대는 내가 만든 이런저런 표상 이상의 존재임을 늘 의식하는 것이다. 상대에게는 내가 온전히 포착할 수 없는 그 무엇이 있다. 상대와의 관계는 내가 만든 표상을 뛰어넘을 때만, 표상할 수 없는 상대의 신비에 나 자신을 열 때만 생동적으로 유지된다. 상대를 한 표상에 붙박아 놓으면 관계는 곧 지루해진다. 상대의 행동 방식을 훤히 알고, 또 언행과 태도도 모두 꿰고 있다고 여기게 된다.

남녀 관계에서 표상을 만들지 않는 것은, 늘 호기심을 가지고 상대 곁에 머무르며 상대의 신비에 마음을 여는 태도의 전제 조건이다. 이것이 참된 사랑의 비결임을 막스 프리슈는 깨달았고, 그래서 "사랑은 그 어떤 상으로부터도 벗어난다"고 첫 일기책에 썼다. 그의 딸 우르줄라 프리슈는 아버지에 관한 책(아버지와의 불화에 대한 책이다)에서 이 문장을 인용하며 이렇게 덧붙였다. "상을 만들지 않는 것은 오직 사랑 안에서만 가능하다."

요한 복음서는 사랑에 대한 이 관점을 부활 이야기에서 드러낸다. 마리아 막달레나가 부활하신 분을 알아보고 껴안으려 하자 예수가 말한다. "내가 아직 아버지께 올라가지 않았으니 나를 더 이상 붙들지 마라"(요한 20,17). 우리는 표상으로 상대를 꽉 붙든다. 하지만 누구에게나 우리가 고스란히 포착할 수 없는 그 무엇이 있다. 그것은 성경에 따라 말하면 '아버지를 향해 올라가는 어떤 것', '인간을 하느님을 향해 열어 주는 어떤 것'이다. 그것은 모든 인간에게 있는 '영성적 차원'이다.

우리 안에는 상대가 온전히 붙잡을 수 없는 그 무엇이 존재한다. 이것은 어떤 식으로도 붙들 수 없는 것, 파악할 수 없는 것이다. 이것은 어떤 신성한 것, 하느님의 집 같은 것이다. 이러한 차원을 명확히 의식해야, 비로소 관계가 오래도록 생생하게 유지된다.

하느님상과 배우자상

우리는 1부에서 하느님상과 자기상의 연관성을 살펴보았다. 그런데 나의 하느님상은 내 자기상에 상응할 뿐 아니라, 내가 만들어 내는 배우자상에 대해서도 상응한다. 남편에게 인간을 처벌하는 하느님상이 있으면, 이것이 아내와의 관계에도 영향을 끼친다. 그래서 번번이 도덕군자 행세를 하며, 그리스도인으로서 이리저리 처신해야 한다고 아내를 질책한다. 반대로 남편이 아내의 마음에 상처를 입히거나 기대를 저버리면, 아내가 남편으로 하여금 죄책감에 시달리게 한다. 남편에게 회계원 하느님상이 있으면 그 상이 배우자상에 덧씌워진다. 그러면 아내가 결혼 생활에 헌신하는 정도에 따라, 가사와 양육에 대한 그녀의 노력에 따라 아내를 판단한다. 그러나 아내를 유일무이한 인격으로, 감정과 욕구가 있는 인간으로 여기지는 못한다. 독단적인 하느님상은 아내에 대한 불신을 일으킬 수 있다. 아내를 신뢰할 수 없다는 느낌, 말과 행동이 다르다는 느낌, 걸핏하면 변덕을 부린다는 느낌, 어떤 이유로 아내와 함께 사는지 모르겠다는 느낌을 받게 할 수 있다.

그러니 건강한 하느님상을 가지는 것도 파트너를 올바로 보기 위한 전제 조건이다. 자비로운 하느님상, 인간을 사랑하는 하느님상은 파트너가 나에게 베풀어 주는 사랑을 알아보는 눈을 열어 준다. 그러나 아무리 긍정적인 하느님상이라도 끊임없이 뛰어넘어야 한다. 또한 파트너에 대한 긍정적인 표상도 거듭 놓아 버림으로써 파트너의 신비에 나 자신을 열고, 그 유일무이한 인간을 (표상이 아니라 그 자체로) 사랑해야 한다.

심리학자 배르벨 바르데츠키는 자기애적 사랑이 오늘날 널리 퍼져 있다고 말한다. 자기애적 사랑은 타인 속에 있는 자기 모습을 사랑하는 것이다. 타인과 접촉하여 사랑하는 것이 아니라, 결국 매번 나 자신을 사랑하는 것이다. "자기애적 사랑은 자존심을 높아지게 한다. 그래서 대개는 파트너를 쉽사리 바꾸게 한다." 상대가 나의 자기상을 떠받들어 주지 못하면 곧바로 다음 상대로 건너가서, 그 사람을 이용하여 나 자신을 사람들에게 과시한다.

생동력 체험하기

영성은 나를 하느님께 열어 보이고자 한다. 예수가 선포한 하느님은 생명의 하느님이다. 요한 복음서에서 예수는 당신에 대해 이렇게 말한다. "나는 양들이 생명을 얻고 또 얻어 넘치게 하려고 왔다"(요한 10,10). 그러므로 영성은 관계가 생동력으로 가득 찬 곳에서 뚜렷이 드러난다. 이것을 우리는 다양한 방식으로 확인할 수 있다. 먼저 우리는, 하느님께 열려 있으면 남녀 관계가 생생히 유지된다고 말할 수 있다. 두 남녀는 자신들의 제한된 지평에 속박되어 질식하지 않는다. 두 남녀는 하늘이란 탁 트인 지평, 하느님의 활짝 열린 지평을 마주하며 살아간다. 또한 우리는 다음처럼 말할 수도 있다. 부부가 서로의 관계에서 생동력을 체험하는 곳이나 부부가 서로를 풍부한 상상력으로 대하는 곳이라면, 그들 삶의 에로틱한 차원이 상상력과 창조력과 즐거움으로 가득 찬 곳이라면 그들은 어디서나 하느님을 그 생동력의 깊은 근원으로 체험한다고 할 수 있다.

예수는 요한 복음서에서 약속한 생명을 '영원한 생명'이라 부른다. 영원한 생명은 우리가 죽음 후에 기대할 수 있는 생명이 아니다. 지금 이 순간, 그 속에서 시간과 영원永遠이 합일하는 생명이다. 삶의 이 같은 특질은 '알아차림'으로써, 또 온전히 지금 이 순간에 존재하려 함으로써 감지할 수 있다. 파트너와 함께 있지 않고, 각자의 업무나 미래에 대한 걱정에 매여 있어 관계에 어려움을 겪는 이들이 많다. 관계는 알아차림으로써 생생해진다. 이것은 나 자신에게, 내 감정과 충동에 주의를 기울이는 것이다. 그리고 상대의 충동과 욕구에 주의를 기울이는 것이다. 나는 상대의 내면으로 들어가서 느껴 본다. 상대를 한 표상에 붙박아 놓지 않는다. 상대의 내면에 옮겨 가서 상대가 무엇을 갈망하는지, 상대에게 중요한 게 무엇인지, 상대가 무엇을 느끼는지 헤아려 본다. 알아차림은 오늘날 가장 중요한 영성적 개념의 하나다. 모든 영성 서적이 알아차림을 독려한다. 하느님을, 지금 이 순간을, 또한 함께 있는 사람을 알아차릴 것을 권고한다. 이 알아차림을 파트너와의 관계에서도 연습하는 것이 중요하다. 알아차림은 깨어 있음과 관계가 있다. 우리는 때때로 잠든다. 삶에 대한, 상대에 대한 이런저런 표상을 자장가 삼아 자신을 잠재운다. 알아차리며 산다는 것은, 깨어나 눈을 크게 뜨고 마치 지금껏 본 적이 없었던 것처럼 상대를 바라보는 것을 뜻한다. 또한 어떤 사람이든 그저 바깥의 눈이 아닌 마음의 눈으로 바라봄을 뜻한다.

직관 — 타인에의 통로

또 하나의 중요한 영성적 개념은 직관이다. '직관'(Intuition)은 '인투에리'(intueri), 즉 '들여다봄'에서 유래했다. 나에게 조화로운 것을 내 안에서 느끼려면 직관이 필요하다. 그런데 직관은 타인의 여러 심층으로 가는 길을 열어 준다. 우리는 파트너 관계에서도 그저 겉모습만 보며 상대를 그저 행동으로 평가한다. 예컨대 설거지와 청소를 했는지, 잔디를 깎고 식기세척기를 손보았는지 따위에 따라서만 평가한다. 직관에는 침묵의 시간이 필요하다. 선입견 없이 상대를 바라보고 또 들여다보기 위해서다. 그러면 상대의 영혼에 깃든, 상대의 참된 본질에 들어맞는 내적 모습과 접촉하게 된다. 자신의 선입견과 투사로부터 벗어나 상대의 마음속으로 들어가게 된다. 이것이 우리의 관계에 새로운 차원을 선사한다.

성 베네딕도는 오늘날 영성과 심리학이 직관이라 지칭하는 것을 '다른 사람 안에서 그리스도를 보기'라고 표현했다. 또한 수도승이 모든 형제자매 안에서 그리스도를 알아봐야 한다고 촉구했다. 다른 사람을 그 사람의 말과 행동에, 순간적인 겉모습에 고정해서는 안 된다. 외려 신앙 안에서 더 깊이 보고 그 사람의 바탕을 봐야 한다. 거기서 우리는 그 사람 안에 있는 어떤 것, 우리가 그 사람에 대해 알고 있는 것보다 더 큰 것을 발견하게 된다. 우리 누구에게나 온전히 포착할 수 없는 신비가 있다. 우리 누구에게나 선한 본질, 신적 본질이 있다. 우리는 알고 있다. 적어도 선함에 대한 갈망만은 우리 모두 안에 있다. 성 베네딕도에 따르면 타인 안에서 그리스도를 알아보기 위해서는 신앙의 눈이 필요하다. 이것이 일상의 갈등과 불화를 다루는 데 큰 도움이 된다. 우리는 갈등을 겪으며 상대를 '나에게 상처를 주고도 또다시 나를 함부로 대하는 사람', '문제가 무엇인지 도무지 모르는 사람'으로만 본다. 아주 특정하고 편협한 하나의 표상에 상대를 붙박아 버린다. 이러한 표상을 깨뜨리는 것이 신앙이다. 신앙은 상대가 부주의나 공격성으로 인해 보여 주었던 모습을 간과하지 않는다. 반대로 그러한 행동을 파고들어 내적 본질을 살펴본다. 그래서 우리는 갈등에 사로잡히는 대신, 상대에게도 자신의 선한 본질을 믿을 수 있는 기회를 주게 된다.

주고받은 상처, 놓아 버리기

파트너 관계에서 상처를 주고받는 것은 상대에 대한 믿음의 부족에 흔히 기인한다. 서로가 상대를 자신이 만든 표상에 붙박아 놓는다. 자신의 표상을 놓아 버리고 상대를 신앙의 눈으로 바라볼 준비가 되어 있지 않다. 스토아철학은 한 가지 원칙을 제시했는데, 이것을 1세기에 그리스도교 영성이 고맙게도 다시 포착했다. 그 원칙은 이렇다. "당신을 해칠 수 있는 사람은 당신밖에 없다. 사람들이 당신을 해치는 것이 아니라, 당신이 사람들에 대해 만들어 내는 '표상들'(dogmata)이 당신을 해치는 것이다." 아내의 마음을 해치는 것은 남편이 아니라, 실현되지 않은 표상인 경우가 흔하다. 아내는 이렇게 생각한다. '뭐라 해도 남편은 내가 아이들을 온종일 보살폈다는 것을, 이제는 정말 나 자신을 위한 시간이 필요하다는 것을 깨달아야 한다.' 또 남편은 이렇게 생각한다. '아내는 내가 과로에 시달린다는 것을, 지쳐서 휴식이 필요하다는 것을 알아채야 한다.' 요컨대 남편과 아내는 저마다 상대에 대한, 입 밖에 내지는 않은 표상을 가지고 있다. 그런데 상대는 표상에 부응하지 않는다. 그래서 각자가 상처를 받았다고 느낀다. 그러나 남편에게 상처를 준 것은 아내가 아니고, 아내에게 상처를 준 것도 남편이 아니며, 각자가 상대에 대해 품은 표상이 실현되지 못해 상처를 받은 것이다. 상대의 선한 본질을 믿는다는 것은 '내가 만든 표상을 놓아 버리고', '신앙의 눈으로 상대를 늘 살피며', '상대의 내면을 들여다보고', '상대에게 마음을 다하는' 것이다. 상대를 내가 만든 표상에 붙박지 않고 '그 자신'으로 존재하게 한다. 상대에게 기대하는 바가 있으면 상대가 모르는 채로 그저 기대만 하는 대신, 그 기대와 소망을 직접 표현한다.

의식 — 사랑의 틀

또한 영성은 구체적인 삶, 구체적인 틀 안에서 거듭 드러난다. 베르트 헬링거는 '사랑의 틀'에 관해 말한다. 남녀간의 사랑도 잘 이루어지려면 일정한 틀이 필요하다. 얼핏 이 말은 모순처럼 들린다. 우리에게 사랑은 갑작스레 다가오는 충동적인 감정, 어떤 생동하는 것, 어떤 무질서한 것이기 때문이다. 사랑은 자발성과 창의성을 먹고 살아간다. 하지만 사랑이 시들지 않으려면 구체적인 형식도 필요하다. 감정이란 오기도 하고 가기도 하는 것이다. 그러니 감정이 머무르는 자리가 필요하다. 우리는 거기서 사랑의 감정과 접촉한다. 이렇게 사랑이 머무르는 자리, 사랑이 떠오르는 자리가 바로 의식儀式이다. 의식은 우리의 사랑을 생생히 지켜 준다.

의식에는 특히 두 가지 의미가 있다. 우선 의식은 우리 삶을 하느님을 향해 열어 준다. 우리 삶을 하느님의 축복 아래 놓아 준다. 일상 가운데서 의식은 우리가 하느님 앞에서 더불어 살아간다는 것을, 그분께서 우리가 걷는 여정의 본원적 목적지라는 것과 그분께서 우리가 사는 생명의 집의 기초라는 것을 일깨워 준다. 그런데 의식에는 또 다른 의미가 있다. 의식은 다른 곳에서 표출되지 못한 감정이 드러나는 자리다. 의식은 사람들 사이의 관계를 깊어지게 하고 공동의 정체성을 만들어 낸다. 이성과 의지보다 깊은 차원에서, 또한 감정보다 속 깊이 사람들을 결속한다. 이것은 특히 두 사람 사이의 의식에 해당된다. 많은 부부가 아침에 입맞춤으로 인사를 나누고, 밤에도 입맞춤으로 잠자리에 드는 의식을 행한다. 피상적으로 보일 수도 있겠지만 이런 의식을 날마다 행하면, 적어도 상대를 날마다 다정히 접촉하는 셈이다. 이런 입맞춤은 때로 진해지기도 하지만, 두 사람의 사랑이 진실하다는 신뢰의 일상적인 확인이기도 하다.

서로 용서하기

나에게 영성은, 첫째로는 타인을 보는 특정한 방식을 통해 표현된다. 타인을 더 깊이 보는 신앙, 타인 안에서 그리스도를 보는 신앙을 통해 표현되는 것이다. 둘째로는 의식을 통해, 그리고 셋째로는 삶에 대한 특정한 태도와 입장을 통해 표현된다. 우리는 이런 태도를 덕성으로 지칭할 수 있다. 영성이 우리에게 요구하는 이 태도는 부부 관계나 파트너 관계에도 유익하다.

  우선 용서의 태도가 있다. 용서는 그리스도교 영성의 근본 메시지다. 하느님께서 우리의 모든 죄와 허물을 용서하신다는 것, 우리가 하느님께 조건 없이 받아들여진다는 것을 믿어야 한다. 그러나 그분의 용서에 대한 믿음은 자기 자신과 우리 서로를 용서하는 것으로 나아가야 한다.

자신을 용서하는 것을 힘들어하는 사람이 많다. 그들은 파트너의 마음에 상처를 주면, 신뢰를 저버리면 자신을 용서하지 못한다. 그러면 자신을 견디지도 못하고 파트너에게 무엇을 요구하지도 못한다. 그래서 자포자기하거나 죄책감과 직면하지 않으려 파트너를 떠난다. 우리는 자신을 용서할 때만 상대를 올바로 대할 수 있다. 자신을 용서하지 않는 사람은 자기존중감을 전부 상실한다. 언제나 '참회복'을 입고 돌아다닌다. 그러나 참회복을 입고는 결혼 생활을 꾸려 갈 수 없다. 상대에게 양심의 가책만 불러일으킨다. 참회복을 입고 돌아다니는 사람과 한 이불을 덮고 싶은 사람은 없다.

다른 한편 상대에 대한 용서도 중요하다. 용서가 없으면 더불어 사는 삶도 없다. 서로를 용서하지 않으면 서로의 잘못을 끊임없이 계산하게 된다. 상대가 갚아야 할 계산서가 살아갈수록 점점 더 늘어난다. 그러나 상대는 갚기는커녕 반대로 계산서를 들이민다. 이러한 계산은 파트너 관계를 황폐하게 만든다. 그렇지만 용서는 분위기를 정화한다. 용서하는 사람은 자신을 치유할 뿐 아니라, 상대를 속으로 탓하지 않고 조건 없이 사랑할 수 있다. 용서가 없으면 반감이 자란다. 또 언젠가는 사랑이 미움으로 돌변할 수도 있다. 용서가 뜻하는 바는 일단 부정적 에너지로부터 자유로워지는 것이다. 상처로 인한 부정적 에너지는 내 영혼을 떠돌며 온통 더럽힌다. 또한 용서는 상대에게 받은 상처를 놓아 버리는 것을 뜻하기도 한다. 나는 상처에 집착하지 않는다. 상처를 상대를 비난하는 구실로 삼지 않고 차라리 용서한다. 하지만 용서는 더 강한 자의 입장에서 베푸는 것이 아니다. 그러면 상대에게 이렇게 말하는 꼴이다. "아무렴, 나는 마음도 넓어. 잘못은 네가 했잖아." 용서를 할 때는 상대의 책임을 지적하며 하는 것이 아니다. 오히려 책임의 일부가 내게도 있음을 의식하며 하는 것이다. 언제나 자신과 상대를 동시에 용서하는 것이다. 그래야만 상대가 받아들일 수 있는 용서가 이루어진다. 용서를 한다면서 '잘못은 분명 네게 있지만 내가 관대해서 용서한다'는 뜻을 전한다면 상대는 자유로움을 느끼지 못한다. 그러면 대개는 상대도 용서를 기꺼이 받아들이지 못한다. 용서가 잘못의 자백과 묶여 있기 때문이다. 이것을 전제하는 것은 상대로 하여금 굴욕만 느끼게 할 따름이다.

감사 표현하기

또 다른 영성적 태도는 감사다. 감사는 하느님에 대한, 그리고 나 자신의 삶에 대한 근본 태도다. 우리는 하느님께서 베푸신 사랑에 감사한다. 또한 파트너가 나를 받아들이며 나를 위해 있어 주는 것에, 파트너가 신실하며 나를 올바로 대해 주는 것에 감사한다. 우리는 우리가 느낄 수 있는 사랑에 감사한다. 우리는 깨닫는다. 결국 사랑이란 선물이다. 우리가 사랑을 계산하여 얻을 수는 없다. 사랑은 우리를 저 깊은 곳에서 맺어 주는 신비다. 영성적 차원에서는 늘 그렇지만, 이같은 감사를 거듭 표현할 필요가 있다. 기회는 많다. 감사의 마음을 찬미하는 장엄한 기회 중의 하나가 바로 성체성사 또는 주님의 만찬이다. 궁극적으로 이것은 하느님께서 예수 그리스도를 통해 선사하신 것에 대한 감사의 잔치다. 우리는 성체성사를 통해 파트너와 가족에 대한 감사도 거행할 수 있다. 우리는 하느님께서 선사하셨고 우리 안에서 열매를 맺은 사랑에 대해 그분께 감사해야 한다. 물론 감사의 태도를 주일에만 보일 일은 아니다. 감사를 일상에서 실행하고, (명확한 말로든, 암시적·상징적으로든) 상대가 나를 위해 해 주는 일을 알고 있음을 끊임없이 작게나마 표현하는 것도 중요하다. 그러나 상대가 나에게 해 주는 일과 말에 대해서만 아니라, 상대의 '존재'에 대해서도 감사해야 한다. 때로는 상대가 지금 그대로 존재하는 것과 내 곁에 있는 것, 서로 사랑할 수 있는 것에 대해 그저 감사하는 것이 좋다.

서로 신뢰하기

관계의 성공에 꼭 필요한 또 하나의 영성적 태도가 신뢰다. 신뢰는 어린 시절에 그 뿌리를 둔다. 엄마는 아이에게 기본적 신뢰를 전해 주고, 아빠는 세상으로 나아가 삶을 꾸려 갈 수 있는 신뢰를 전해 준다.

그런데 부모에게서 얻는 이 신뢰에는 영성적 토대가 필요하다. 하느님께서 나를 떠받쳐 주심을 느끼고 있으면 비록 살아가다 신뢰가 무너지더라도 타인에게 신뢰를 보여 줄 수 있다. 신뢰는 내가 하느님 손안에 있다는 믿음이다. 이것은 인간 안에 있는 선한 본질에 대한 믿음으로 지탱된다. 이러한 믿음은 쉼 없이 닦아야 한다. 어떤 관계라도 언젠가는 실망할 때가 있기 때문이다. 하지만 나는 상대를 그의 잘못과 거부에만 붙박아 놓지 않으며, 그럼에도 상대 안에 있는 선한 본질을 믿는다. 그리고 내 안에 선한 본질이 있음을 또한 믿는다. 실은 나 자신에게 환멸을 느끼기도 한다. 진정으로 하고 싶은 것을 나는 하고 있지 않다. 하지도 않으면서 그저 시기만 한다. 이럴 때 우리는 자꾸만 자신을 단죄한다. 이제는 앞으로 나아가지 못하리라고, 내적 발전은 없으리라고 생각한다. 자포자기한다. 그러나 믿음은, 내 안의 선함이 나를 괴롭히는 온갖 결점보다 강하다는 것을 확신하는 것이다.

희망과 인내 갖기

믿음은 반드시 희망과 결부되어 있어야 한다. 신학자들에 따르면 희망은 일종의 신적 덕성이다. 그러니 희망은 우리가 스스로 익혀야 할 덕성이다. 동시에 희망은 우리가 하느님께 선사받은 태도이기도 하다. 우리는 희망이 없어도 희망하기 위해 하느님 은총에 의지한다. 희망이 없으면 그 어떤 관계도 잘 맺어지지 못한다. 희망이 없으면 부모가 자식을 낳지도 기르지도 못한다. 희망은 호흡이 길다. 희망은 기다릴 줄 안다. 희망은 기대와는 다른 것이다. 상대에게 이런저런 점을 고치기를 기대하면 그가 그리하지 않을 때마다 나는 실망한다. 그리고 그는 나의 기대에 자꾸만 압박을 느낀다. 끊임없이 기대에 부응해야 한다고 압박을 받는 것이다. 그러다 기대에 부응하지 못하면 그는 오히려 공격적으로 변하고, 나는 기대가 채워지지 않는 것에 실망으로 답한다.

프랑스 철학자 가브리엘 마르셀에 따르면 희망한다는 것은 언제나 '너에 대해', 또 '너를 위해' 희망하는 것이다. 희망은 늘 인간을 지향한다. 나는 네가 점점 더 하느님이 뜻하신 '너'가 되기를 희망한다.

희망은 결코 포기하지 않는다. 바오로는 말한다. 우리는 보이지 않는 것을 희망한다(로마 8,25 참조). 이것은 파트너 관계에도 결정적으로 중요하다. 서로를 비난하는 이들이 많다.

"당신이 내게 약속한 게 제대로 되는 꼴을 못 봤어. 당신은 이런저런 점을 고치겠다고 했지. 그런데 나한테는 아무것도 안 보여. 무엇인가 나아지려는 노력조차 안 보여." 이런 말은 상대를 가시적인 것에 붙박아 놓는 것이다.

희망은 보이지 않는 것을 소중히 여긴다. 내 눈에는 아직 보이지 않아도 언제고 나타날 그 무엇이 상대 안에 있으리라 희망한다. 희망이 없다면 더불어 사는 삶은 사르트르가 묘사한 것처럼 지옥이 된다. 단테는 지옥의 문에 이런 말을 써 붙였다. "모든 희망을 버릴지니라!" 희망은 상대는 물론이고 나 자신 또한 결코 포기하지 않는다. 나는 늘 새롭게 시작한다. 우리가 서로에게 다가가는 길을 찾으리라는 희망을 놓지 않는다. 희망을 품지 않은 사람도 두어 번의 기회는 상대에게 허락할 것이다. 그러나 그의 인내는 곧 바닥이 난다. 희망은 호흡이 길다. 아직 보지 못한 것을 소중히 여긴다. 그리하여 쉼 없이 발전하고 변화한다.

서로를 책임지기

영성적 태도로서의 책임은 내가 받은 부름에 대해 응답하는 것이다. 우리는 누구나 하느님의 부름을 받았다. 자신의 실존으로 부름을 받았다. 자신의 삶을 살라고 불리었다. 그리고 이 여자 또는 이 남자와 결혼하라고 부름을 느끼기도 했다.

이 부름에 나는 응답했고, 그렇게 나 자신과 나의 삶과 그리고 상대에 대한 책임을 지게 되었다. 생텍쥐페리의 『어린 왕자』에는 이런 아름다운 말이 나온다. "너는 평생, 네가 친해진 사람에 대한 책임이 있어." 내가 어떤 사람과 친해져서 관계를 맺는다면 그에 대해 책임을 지는 것이다. 관계가 깨지더라도 내게는 여전히 상대에 대한 책임이 있다. 둘의 관계를 없었던 것으로 만들 수도 없고 그를 마치 안 보이는 공기처럼 취급할 수도 없다. 어떤 경우라도 책임이 있으니, 가령 서로 헤어질 때라도 예의를 지키는 것이다. 나는 내 행동에 대해 책임을 져야 한다. 그저 내 욕구와 기분에 따라 행동할 수는 없다. 나는 내 양심과 파트너와 하느님 앞에서 해명을 해야 한다.

이런 책임은 특히 유부남이 다른 여자를 사랑하게 된 경우에 중요하다. 사랑에 빠지는 데에는 약도 없다. 많은 유부남이, 자신이 빠져든 여자가 모든 갈망을 충족시켜 주리라 생각한다. 그러고는 아내와의 관계에서 새삼 결핍을 느낀다. 새 여자만이 충만한 삶을 살아가게 해 주리라 여긴다. 그렇지만 자신이 지난날 동의했던 책임은 돌아보지 않는다. 이런 식으로 사랑에 빠졌을 때라도 책임 있게 처신하는 법이 있다. 사랑에 빠진 일을 나의 새로운 면을 드러내고, 아내와의 관계에 새 생명을 불어넣는 기회로 인식하는 것이다. 그 일을 내 삶에 통합해야 한다. 물론 때로는 그런 노력이 수포로 돌아가기도 한다. 가령 아내와의 관계가 오랫동안 망가졌다면 다시 살아나지 못한다. 그래도 우선은 내 책임을 다해야 한다. 나와 함께 늙어 가길 원하던 아내, 나를 아이들의 아버지로서 원하는 아내의 갈망에 답해야 한다. 이 같은 책임을 그냥 놓아 버릴 수는 없다. 결혼 생활이 깨지더라도 책임감을 가지고 가족을 돌보아야 한다. 어떤 이들은 아무런 책임도 지지 않으려는 것만 같다. 그들은 새 아내에 대한 격정을 구실로 내세운다. 자신이 지금껏 살아온 삶에 대해서는 눈이 멀어 버린다. 하지만 책임이란, 나 자신에게 물음을 던지고, 또 내 아내와 아이들이 제기하는 물음에 답하는 것을 뜻한다. 내 갈 길만 갈 수는 없다. 제 갈 길은 제가 찾아야 한다고 말할 수도 없다.

평화운동과 환경운동을 하는 남편을 둔 한 부인이 나에게 토로했다. "남편은 평화운동을 하며 온 세상을 책임지지요. 그런데 정작 나와 가족에 대해서는 그 어떤 책임도 지기를 거부해요. 오로지 자신의 감정만 따를 뿐 우리는 방치하지요. 남편은 언쟁에 응한 적도 전혀 없어요." 내가 상처를 준 구체적인 한 사람에게 답한다는 것은 어려운 일이다. 하지만 우리는 나서야 한다. 나약한 모습, 부족한 모습이라도 있는 그대로 자신을 드러내야 한다. 책임을 지는 사람은 겸손해진다. 그럴듯한 말 뒤로 더는 숨지 않는다. 자신이 타인에게 상처를 주었음을 자인한다. 타인이 받은 상처와 실망에 대해 답한다.

진짜로 살아가기

부활한 예수는 제자들에게 나타나 말한다. "바로 나다"(Ego eimi autos). 그리스어 '아우토스'(autos)는 인간 내면의 성소聖所를 뜻하는데, 거기서 인간이 자신의 영혼과 접촉한다. 하느님께서 만드신 제 유일한 모습, 무구한 모습과 접촉한다. 영성이 뜻하는 바는 내 안에 있는 이 모습을 더욱더 깨닫고 펼쳐 나가는 것, 더욱더 나 자신이 되는 것이다. 철학에서는 이 태도를 진정성이라 표현한다. 이것은 진짜배기로 살아가는 태도, 하느님께서 만드신 자신의 본디 모습과 접촉하며 살아가는 태도다. 우리는 자꾸만 뒤틀린다. 남들의 기대에 맞추려 애쓴다. 가정에서, 직장에서, 친구 집단에서 각각 다른 모습을 보여 준다. 남들이 나에게 각각 기대하는 바를 알아채서 그에 맞는 역할을 한다. 그러나 그것은 나 자신이 아니다. 파트너 관계에서는 여러 역할 뒤로 숨을 수가 없다. 거기서 나는 내 진실을 가지고 나서야 한다. 거기서 나는 내가 진실로 누군지 선명히 알아야 한다. 두 사람이 각기 온전히 자기 자신일 때, 진짜배기일 때, 자신의 본질과 일치할 때 비로소 둘의 관계가 올바로 맺어질 수 있다.

망아와 몰입

한스 옐루셰크는 영성과 관계의 연관성에 대해 또 다른 관점을 제시한다. 옐루셰크는 남자와 여자의 관계, 특히 성관계에 대해 영성적·종교적으로 짐을 지우는 것을 경고한다. 다시 말해 우리가 파트너의 사랑을 너무 이상화하여 종교적 차원에 끼워 넣는다는 것이다. 그럼에도 우리는 에로틱한 관계, 성적인 관계를 영성과 연관 지어야 한다. 우리가 신비주의적 방법을 통해 열망하는 하느님과의 망아적 합일이, 일면 파트너에 대한 성적 몰입에서도 나타나기 때문이다. 한편 옐루셰크는 영성의 심리치료적 효과에 관한 고찰에서 이렇게 강조한다. "성적 체험이 종교적인 것으로부터 분리되고 해방되어 영성적 관점으로 수용될 때, 바로 그때 성적 체험은 현실적 토대를 얻고 또 분명히 객관화된다."

우리가 성적 일치 속에서 체험하는 것이 한 가지 더 있는데, 이것을 신학에서는 은총이라 부른다. 남자는 여자에 의해 자신이 남자로서 받아들여졌음을 알고, 또 여자는 남자에 의해 자신의 여자다움이 받아들여졌음을 안다. 옐루셰크에 따르면 우리가 에로틱하고 성적인 관계에서 체험하는 모든 것은, 이를테면 "우리가 계속해서 나아가고 있는 어떤 것의 전조다. 이로써 영성적 관점은 에로틱한 사랑의 현실적인 자리매김에 도움이 되며, 사랑의 현실적인 이해를 위한 심리치료 전문가들의 '순수한 치료적' 노력에도 크게 뒷받침이 된다."

옐루세크는 내가 앞서 지적했던 또 하나의 측면도 강조한다. 사랑은 두 사람이 계속 서로만 쳐다볼 때가 아니라, 자신들을 넘어서 공동의 목표를 바라볼 때 오래도록 생동한다. 그런데 이 목표를 너무 편협하게 잡아서는 안 된다. 결국 이 목표는 두 사람을 넘어서는 어떤 것을 가리켜야 한다. 영성은 자신 너머를 가리킨다. 두 사람은 자신들을 길 위의 나그네로 이해한다. 그들은 죽음을 넘어서도 자신들을 결속하여 주는 목표를, 곧 하느님을 지향한다. 옐루세크는 유다인 정신의학자 빅토르 프랑클의 근본적 통찰을 인용한다. "우리는 우리 삶을 가치 있는 것에 바칠 때, 비로소 삶을 가치 있는 것으로 체험한다."

관계 기르기

처음에 대한 회상

언제나 관계는 굳건하고, 생기 있고, 새로워질 필요가 있다. 관계를 굳건하게 하는 한 가지 방법은 처음을 회상하는 것이다. '그때는 무엇이 우리를 결속했던가?' '무엇에 매혹되었던가?' 한 번 있었던 사랑은 쉽게 스러지지 않는다. 어쩌면 사랑이 변하거나 식었는지도 모른다. 사랑에 빠졌을 때 내 안에 터져 나왔던 그 감정들을 다시는 느끼지 못할지도 모른다. 그런 강렬한 감정들은 사실 '투사'와 관계가 있다. 가령 내가 한 여자에게 빠지면, 그 여자는 내 안의 강렬한 감정들을 깨운다. 일치, 곧 하나 됨을 향한 내 깊은 갈망을 건드린다. 내 영혼 깊은 곳에 잠들어서 깨어나려 하는 그 감정들과 내가 접촉하게 한다.

    그런데 처음을 상기해 보면 당시 사랑에 빠졌던 상태나 감정을 느낄 뿐 아니라, 아내가 그때 보여 줬던 고귀하고 유일무이한 모습도 어렴풋이 느끼게 된다. 그때 나는 그 모습에 사로잡혔던 것이다. 나는 아내에게서 약속된 행복·모성·아름다움·생기·사랑을 보았을 것이다. 하지만 지금은 무엇이 남았는가? 이 모든 강렬한 감정들은 일단 제쳐 두고, 아내의 어떤 것에 내가 끌렸는지 침착하게 살펴보면 무엇이 떠오르는가? 그것은 나의 온갖 투사에도 불구하고 바로 그 사람 안에 들어 있는 '어떤 것'이다. 그리고 그것은 지금도 그 사람 안에 들어 있다. 이렇게 지난날을 회상하면 이 여자, 이 남자의 본질을 이루는 것에 마음을 열 수 있다. 또한 이 구체적인 한 사람을 새롭게 긍정할 수 있다. 이 사람은 세월이 흐르면서 다른 면도 드러냈다. 하지만 당시 내 마음을 끌었던 것은 아직도 이 사람 안에 있다. 그런 면모로써 바라보면 이 사람은 다른 빛을 띤다. 그리고 나는 과거 내 안에서 터져 나왔던 그 사랑에 다시금 맞닿는다.

　이것은 남자나 여자나 마찬가지다. 여자도 지금의 남편에게 그렇게 끌렸던 그 무엇을 회상한다. 많은 것이 일상사와 서로 간의 무뎌짐으로 마모되었다. 그래도 여자를 사로잡았던 남자의 그 무엇은, 여전히 어떤 식으로든 내면에 존재한다. 처음에 대한 회상은 두 사람으로 하여금 각기 상대 안에 있는 그 무엇을 신뢰하게 해 준다. 또한 상대 안에 있는 매력과 다시 접촉하게 해 준다. 회상은 관계가 되살아나 다시 자라나게 한다.

마르지 않는 샘

내가 파트너에게 느끼고, 또 파트너가 내게 느끼는 유한한 사랑은 우리 안에서 흐르는 하느님 사랑, 그 무한한 원천에서 생명력과 자양분을 얻는다. 때로는 인간의 샘이 말라 버리려 해도, 언제나 우리 안에는 하느님의 샘이 있다. 하느님의 샘은 우리 영혼의 바탕에서 솟아난다. 이를 떠올림으로써, 묵상을 통해 영혼의 바탕에 다다름으로써 이 샘은 우리 안에서 다시금 조금씩 솟아나고, 우리의 인간적 사랑에 배어들어 이 사랑을 자라나게 한다. 교회에서 올린 결혼식을 떠올려 보면 하느님의 샘이 우리 안에서 다시금 솟아오르는 데 도움이 될 수 있다. 당시에 우리는 하느님의 축복을 빌었다. 그리고 인간적 사랑의 속 깊은 근원이, 결코 마르지 않는 하느님 사랑에 있음을 알았다. 교회에서 결혼식을 올리는 것은 결혼이 곧 성사聖事임을 드러낸다. 성사의 의미는, 가시적인 표지가 어떤 불가시적인 것, 어떤 신적인 것을 가리키는 것이다. 애정 어린 언행과 성적 일치에서 드러나는 인간의 가시적인 사랑은, 우리 안에 있는 하느님의 불가시적인 사랑에 주의를 기울이게 한다. 성사는 우리의 사랑을 거룩하게 할 뿐 아니라, 우리의 모든 갈망을 인간적 사랑으로 충족해야 한다는 요구로부터 우리를 자유롭게 한다. 언제나 유한한 인간적 사랑은 우리 안에 있는 무한한 하느님 사랑을 바라보게 한다. 그렇게 우리는 상대가 나에게 베푸는 사랑을 누리며, 또 그 사랑에 의해 우리 영혼의 바탕으로 이끌릴 수 있다. 거기서는 사랑의 무궁한 원천, 신적 원천이 샘솟는다. 이 같은 하느님의 사랑에 의해 우리의 인간적 사랑은 오랜 결혼 생활에도 다시 생명력과 자양분을 얻는다.

상대 인지하기

우리의 관계를 길러 주는 몇 가지 태도와 행동 방식이 있다. 우선은 상대의 고유함과 상이함을 인지하는 방식이 있다. 우리는 일상에서 내가 기대하는 바나, 내가 알고 있는 바에 상대를 붙박아 놓기 일쑤다. 그럴 때는 일상사에서 한 걸음 뒤로 물러나 상대를 새로운 눈으로 바라볼 필요가 있다. 이것은 분석하는 눈이나 판단하는 눈이 아니라 '인지하는 눈', '상대의 진실이 빛나게 하는 눈'이다. '진실', '진리'를 뜻하는 그리스어 '알레테이아'$_{aletheia}$는 바로 존재의 실체를 망각에서 구해 내는 것을 의미한다. 베일이 벗겨져 참된 현실을 보는 것이다. 이렇듯 상대를 인지할 때 관건은 일상이 상대에게 덧씌우는 베일, 우리로부터 상대를 숨기는 베일을 벗겨 내는 것이다. 그러면 우리는 상대의 참된 실체를 가려지지 않은 채로 바로 보게 된다. 상대의 신비, 상대의 감추어진 부분은 우리가 상대를 인지하며 망각에서 벗어난다. 일상에서 우리는 상

대가 진실로 어떤 사람인지 자꾸만 망각한다. 인지한다는 것
은 상대의 참된 진실을 상기한다는 것이다. 나는 그의 진실을
포착하고 마치 값진 진주처럼 간직한다. 하지만 내가 이 진주
를 차지하는 것은 아니다. 나와 아주 다른 것으로, 내 영혼에
도 있는 진주를 상기시켜 주는 것으로 받아들일 뿐이다.

존중과 인정 표현하기

"사랑의 반대는 미움이 아니다. 사랑의 반대는 무관심이다."
엘리 위젤의 이 말은 모든 인간관계에 유효하다. 상대에게 무
관심한 사람은 그 상대를 전혀 인지하지 못한다. 상대를 인지
하면 존중과 인정의 태도로 드러나기 마련이다. 존중과 인정
은 상대를 바라보는 두 가지 방식이다. '존중'(Respekt)은 상대
를 '다시 보는 것'을 뜻하는 '레스피케레'respicere에서 유래한
다. 일상에서 나는 상대를 얼핏 보고 지나치는 탓에 다시 그
에게 눈길을 주거나 새로 알아보지 못한다. 또한 존중은 배려
하는 것을, 상대에게 마음을 새로 쓰고 주목하는 것을 의미한
다. 나는 상대를 그냥 지나치지 않는다. 돌아서 상대를 눈여
겨본다. 독일어로 '바라본다'(ansehen)는 것은 실로 깊은 의미가
있다. 누군가를 바라볼 때, 나는 그에게 존경과 존중을 드러
내는 것이다. 나는 그의 가치와 존엄, 일회성과 유일성을 인
정하게 된다. 상담을 하다 보면 이런 하소연을 듣곤 한다. "남

편은 나를 전혀 안 봐요. 오직 자기 일만 보죠. 나는 완전히 무시당하는 기분이 들어요." 남편이 아내를 바라보지 않으면, 아내는 무시당하는 것만 같다. 남편이 자신을 존중해 주지 않아 괴로워한다.

　그런데 존중과 인정은 눈길만 아니라 말로도 표현되어야 한다. 상대의 고유한 가치를 내가 말해 줘야 한다. 그래야 상대가 자신의 고유한 가치를 스스로 믿게 된다. 존중과 인정은 선물을 통해서도 표현된다. 여기서 중요한 것은 선물의 물질적 가치가 아니다. 많은 연인이 값비싼 선물로 존중의 마음을 드러낸다. 하지만 그러한 선물은 일상에서 결여되어 있는 존중과 인정의 대체물처럼 보이기도 한다. 그럼에도 사랑에는 선물이 필요하다. 독일어로 '선물하다'(schenken)라는 말은 사실 여관집 주인의 말에서 나왔다. 주인은 내가 갈증을 달랠 수 있게 마실 거리를 '따라 준다'(einschenken). 이처럼 선물에서 관건은 무엇이 사랑을 향한 상대의 갈증을 달래 줄 수 있는지, 무엇이 인생 여정을 걷고 있는 상대에게 힘을 줄 수 있는지 발견하는 일이다. 선물의 본질은 물질적 가치가 아니라, 내가 그 안에 담는 의미와 사랑이다. 나는 선물을 정성껏 고른다. 상대의 입장에 서 본다. 지금 상대를 가장 기쁘게 하는 것이 무엇인지, 내 사랑과 존중을 가장 잘 드러내는 것이 무엇인지 곰곰이 생각해 본다.

다가가기와 거리 두기의 균형

관계란 다가가기와 거리 두기의 건강한 공존을 통해 자라나는 것이다. 내가 줄곧 달라붙어 있으면 상대는 편히 숨 쉴 수도 없고, 나 아닌 다른 것으로부터 자양분을 얻을 기회도 잃는다. 나 혼자서는 충분한 자양분이 되지 못한다. 어떤 사람에게는 음악이 또 다른 자양분이다. 어떤 사람에게는 박물관 관람이나 자연 속 산책, 명상이나 영성 체험이 자양분이다. 친구와 만나 대화를 나누면 기운이 나는 사람에게는, 바로 친구가 자양분이다. 여러 연구에 따르면 좋은 친구 집단을 '각각', 그리고 또 '함께' 가진 부부가 더 잘 살아간다. 그들은 상대에 대한 기대로 서로를 부담스럽게 만들지 않는다. 자양분을 얻는 또 다른 원천을 가지고 있는 셈이다.

　다가가기와 거리 두기의 올바른 균형은 늘 필요하다. 상대에게 거리 두기만 한다면 그는 굶어 죽을 것이다. 한 남자가 내게 털어놓기를 자신은 아내 곁에 있으면 얼어 죽을 것 같다고 했다. 사실 그가 괜찮은 남편은 아니었다. 아내는 늘 그에게서 부족한 것만 보았다. 남편 안에 있는 것을 더 북돋워 주지 않았다. 판단이나 평가만으로는 남편을 존중할 수 없고, 그에게 온정과 원기를 줄 수도 없다. 그래서 다가가기와 거리 두기의 건강한 공존이 필요한 것이다. 서로에게 다가가면 자양분을 얻게 된다. 그러나 그것이 구속이 되면 편협한 것, 해로운 것이 된다. 반면에 거리 두기는 우리에게 이로운 또 다른 것들을 먹고 마실 기회를 준다.

다가가기와 공생을 혼동하는 부부가 많다. 동물 세계에서 공생은 여러 동물의 생존에 필수적이다. 이러한 경우에 동물은 서로 의존하여 살아간다. 그런데 부부가 공생하듯 살아가면 삶의 영역을 서로 제약하게 된다. 서로에게 자양분을 주지 못하고 외려 서로를 다 빨아먹게 된다. 동물 세계에서 공생과 기생의 경계는 유동적이다. 부부 관계에서 공생적인 공동체 생활은 한쪽이 다른 한쪽에 종속되는 것으로 귀결되기 마련이다. 그러다가 양쪽 모두가 자양분을 얻을 수 있는 원천을 끊고 만다. 상대의 원천은 언젠가 고갈되기 마련이고, 그러면 공생은 메마른 불모의 공존이 된다. 서로가 너무 많이 달라붙어 있어 각자의 정체성을 상실한다. 그들 안에서 모든 것이 뒤섞인다. 그리고 결국에는 진짜 내가 누구인지 망각하게 된다. 더 이상 상대를 진실로 만나지 못하며, 나는 그에게 그는 나에게 달라붙게 된다.

내면의 자유로운 공간
결혼 생활에서 다가가기와 거리 두기의 건강한 균형을 얻기 위해서는 적절한 경계를 설정하고 상대의 경계를 존중하는 기술이 필요하다. 흔히들 사랑은 모든 경계를 뛰어넘고 서로를 하나로 만든다고 말한다. 맞는 말이다. 하지만 늘 하나인 채로 살아갈 수는 없다. 서로가 가까이 더불어 사는 삶에서도, 곧 결혼 생활에서도 상대와 거리를 두는 기술이 필요하다. 그렇지 않으면 질식한다. 아니면 서로의 경계가 융해된다. 심리학에서는 융해된 인격체에 대해 이야기한다. 그들은 어디서 시작하고 어디서 그만둬야 하는지 알지 못한다. 상대에게 미끄러져 들어가서, 자신이 누구인지 전혀 깨닫지 못한다. 그래서 만남이 일어나지 않는다. 파트너 관계에서도 만남은 끊임없이 필요하다. 독일어로 '만남'(Begegnung)은 상대를 향해 나아감을 뜻한다. 이것은 서로 늘상 달라붙어 있지 않음을 전제한다. 만남은 변화를 일으킨다.

내가 생각하는 만남의 전형은 마리아와 엘리사벳의 이야기다(루카 1,39-56 참조). 아기를 가진 두 여인이 만난다. 마리아는 집을 떠나 길을 나선다. 자신의 천막을 걷고, 내면의 장벽과 편견의 산맥을 넘어 엘리사벳에게 간다. 그리고 그들이 서로 인사를 나누자 엘리사벳의 태 안에서 아기가 뛰논다. 엘리사벳은 성령으로 가득 찬다. 마리아와의 만남을 통해 자기 안의 아기와, 본디 하느님이 만드셨던 자기의 무구하고 본원적인 모습과 접촉한다. 또한 마리아에게서 주님의 어머니를 알아본다. 어떤 만남이든 관건은, 상대에게서 자기 안에 그리스도를 품고 있는 한 사람을 알아보는 것이다. 엘리사벳은 마리아의 행복을 찬양한다. 마리아가 복되다고 선언한다. 성령으로 가득 찬 엘리사벳은 마리아에게 주님의 말씀을 믿어 행복하리라고 예언한다. 이런 복된 만남이 부부 생활에도 거듭 일어나기 위해서는 다가가기와 거리 두기의 적절한 균형, 건강한 경계 설정과 그것의 존중이 필요하다.

파트너와 경계를 설정하는 것을 두려워하는 사람이 많다. 파트너가 자신을 더 이상 사랑하지 않으면 어쩌나, 파트너가 마음에 상처를 입지는 않을까 불안해한다. 하지만 상대의 반응만 걱정하다 보면 정작 자신에게 필요한 것은 못 보게 된다. 그들은 자신의 경계를 잃어버리고, 결국은 자신도 잃어버린다. 결혼 생활이라는 더불어 삶이 잘되려면 경계가 필요하다. 모든 것을 함께해야 한다고 생각하는 부부가 꽤 많다. 평일 내내 아이들을 혼자 돌보던 한 부인이 일요일 오후에 한 시간 동안 낮잠을 잘 권리를 주장했다. 그런데 애아버지가 말하기를 그녀가 아이들과 산책을 한다면 훨씬 더 좋을 것이라고 했다. 그녀는 자신이 너무 이기적인 것은 아닌지, 자기 경계를 너무 편협하게 그은 것은 아닌지 양심의 가책을 느꼈다. 하지만 서로 대화를 나누자 분명해졌다. 이런 경계 설정은 모두에게 이로웠다. 아이들은 자신들만의 아버지를 가져서 좋았고, 그녀는 마음 편히 자기만의 시간을 가져서 좋았다. 경계를 정하고 지키는 것은 온 가족에게 이로움이 되었다.

자신의 중심에 머무르기

자신에게 꼭 필요한 자유로운 공간을 확보하기 위해서는 외적인 경계를 정하는 것만 중요한 것이 아니다. 내적으로도 상대와 거리를 두어야만 결혼 생활이 잘 이루어진다. 상처를 주고 모욕하고 무시하는 말을 일일이 나와 결부해서는 안 된다. 상대의 비판적인 말을 언제는 가슴에 새기고, 또 언제는 흘려들을지 판단하려면 건강한 경계가 필요하다. 상대가 직장에서 얻은 불만이나 분노를 집에 가져와서 말이나 행동으로 발산한다면, 때로는 그것을 그저 지켜보기만 하는 것도 도움이 된다. 이를테면 나는 연극 관객으로 머무른다. 지켜보기는 하지만 함께 연기하지는 않는다. 나는 상대를 비난하지 않으니, 지금 그는 자신의 배역을 연기하고 있기 때문이다. 외려 나는 그의 연기를 살펴보며, 동시에 충실히 내 자신으로 머무른다. 그가 얼마나 마음이 상했으면 지금 여기서 저렇게밖에 표현할 수 없는지 헤아린다. 관객으로 머무르면, 조금 더 객관적이고 도움이 되는 쪽으로 반응할 수 있다. 모든 말을 나와 결부하면 깊이 상처받는다. 그때는 나도 온갖 모진 말로 그에게 상처를 주게 된다. 일상의 갈등과 마찰을 올바로 다루기 위해서는 자신의 중심에 머무르는 영성 수련이 큰 도움이 된다. 그러면 어떤 말과 행동을 언제 나 자신과 관련지어야 하는지, 언제 관객에 머물러도 되는지 더 잘 판단할 수 있다.

물론 이것은 양극을 오가는 일종의 줄타기다. 서로 경계를 설정하지 못하고 모든 것을 곧장 자신과 결부하는 사람들이 있다. 그때는 서로가 감정이 점점 더 꼬인다. 반면에 서로가 경계를 너무 철저히 정해서, 외침과 눈물로 표현되는 상대의 곤경과 갈망을 전혀 알아채지 못하는 부부들도 있다. 그들은 지나치게 자기 자신에게로 물러나서 상대에게 이런 뜻을 전달한다. '당신의 눈물과 불만은 그저 당신 문제일 뿐이야.' 그러나 이러한 거리 두기는 결국 '인정하려 하지 않는 태도'가 된다. 이는 상대에게 더없이 깊은 상처를 남긴다. 상대는 제 짝에게 결코 다가가지 못한다고 느끼게 된다. 자신의 눈물과 절망에도, 병고에도 불구하고 제 짝이 더는 반응하지 않는다고 생각한다. 상대는 자기 안에 폐쇄된다.

그런데 간혹 '인정하려 하지 않는 태도'를 영성적으로 찬양하는 이들도 있다. 그들은 은연중에 이런 뜻을 전달한다. '나는 내 중심에 굳건히 머물러 있어. 다른 사람의 문제로 내 중심에서 벗어나지는 않아.' 그들은 자신의 공감 결핍을 외려 영적 성숙으로 간주한다. 이것이 상대를 격분하게 한다. 상대로 하여금 그들의 경계를 결코 넘지 못하게 하기 때문이다. 자신의 경계를 영적 이데올로기로 만들어 찬양하는 이들은 상대를 인격적 존재로 지각하지 못한다.

공명하기

그래서 파트너 관계가 잘 맺어지려면 또 다른 방법이 필요하다. 바로 공명共鳴이다. 상대가 내게 말을 걸 때는 공명이 필요하다. 내가 아무런 반응도 보이지 않으면 상대는 홀로 버려졌다고 느끼게 된다. 여기서 공명이란, 나도 상대와 똑같이 적극적으로 반응하는 것만 의미하지는 않는다. 그럼에도 나는 반응을 보인다. 상대의 비난과 모욕이 내 안에서 무엇을 불러일으키는지 그에게 알려 준다. 많은 아내가 남편에게 이렇게 말한다. "당신이 반응을 보이지 않아서 나는 이해받지 못하는 기분이야. 당신하고 왜 사는지 모르겠어." 그러면 남편은 대화를 피하기 일쑤다. 아예 입을 닫아 버린다. 공명하지 않는다. 이것이 또 아내를 불안하게 만든다. 이때는 감정 없이 객관적으로만 대응하더라도 아무런 반응도 없는 것보다는 도움이 된다. 물론 남녀간의 의사소통은 잘 이루어지지 않는 경우가 많다. 비난하는 말투나, 평가하고 압박하고 단죄하는 암시가 대화 속에 섞여 들기 때문이다.

　　대화가 잘되기 위해서는 믿음이란 영성적 태도가 늘 필요하다. 상대가 내 말을 이해하면서 자신의 생각을 말하고 있다고 믿어야 한다. 너무 닦달하면 뒤로 물러서기 마련이다. 묵묵부답이 되거나, 아니면 자신이 볼 때는 아무런 문제가 없는데 상대가 사사건건 시비를 건다며 반발하게 된다. 그런데 이런 식으로 서로의 역할을 지적하다 보면 대화가 막힌다. 상대가 내 말에서 비난의 낌새를 느끼면 그는 곧 자신을 방어하게 된다. 열린 대화가 불가능해지는 것이다. 의사소통에는 영성적 토대, 즉 상대의 내면에서 무엇인가 움직이고 있다는 신뢰와 희망이, 상대의 내면에 선한 본질이 있다는 믿음이 필요하다.

헌신하기

오늘날에는 탐탁지 않게들 여기지만 남녀간의 관계를 길러주는 또 하나의 영성적 태도가 있으니, 바로 헌신이다. 요즘은 온전히 가족을 위해 헌신하며 자신의 욕구는 돌보지 않는 엄마들을 비판적으로 본다. 이런 희생의 이면에는 다음과 같은 요구가 숨어 있을 수 있다. '나는 너희를 위해 모든 것을 주고 있어. 그러니까 너희도 나에게 무엇인가 보답해야 해.' 지금은 자기실현이 자기희생보다 더 가치 있는 것으로 간주된다. 그럼에도 헌신 없이는 그 어떤 관계도 맺어지지 않는다. 두 사람 다 자기실현에만 집착하고 상대의 바람이 자신의 욕구에 부합하는지만 따진다면, 이것은 한스 옐루셰크가 『부부로 살아가는 기술』에서 자세히 설명한 것처럼 '진정성의 독재'(Tyrannei der Authentizität)로 귀결된다. 오늘날 우리에게 중요한 것은 자기실현과 헌신이란 양극단의 알맞은 균형이다. 한

극단이 절대화되면 이기주의로 빠지거나, 또는 자기포기로 귀결된다. 하지만 희생과 자기포기는 다른 것이다. 한스 옐루셰크는 말한다. "우리는 자기헌신을 통해서만 지극한 자기실현에 이른다. 겁에 질려 자신에게 집착하는 사람은 아주 급격하게 자신을 상실한다. 자신을 헌신하는 사람은 자기충만에 도달한다."

자신을 바치는 것은 하느님과의 관계에서도 중요하다. 헌신은 자신을 고스란히 하느님께 들여보내는 것을 뜻한다. 우리는 헌신을 하느님과 관련해서만 체험하지는 않는다. 우리는 음악에도 헌신한다. 가령 바이올린을 연주할 때 우리는 자신이 남들에게 어떤 영향을 미치는가 따위는 잊어버린다. 자신보다 큰 어떤 것에 사로잡힌다. 우리는 기술적으로 완벽한 가수와 음악에 사로잡힌 가수의 차이를 알아챌 수 있다. 후자는 그 자신을 통하여 '그 무엇'이 절로 노래하게 하는 가수다. 그때 우리는 아주 다른 감동을 느낀다. 그때 우리 영혼에서는 무엇인가 공명한다. 영성에도 이런 차이가 존재한다. 철저히 금욕을 실천하거나 매일 두 시간씩 명상하는 사람들이 있다. 그러나 그들은 자신을 영성적인 인간으로 느끼기 위해 그러기도 한다. 그들은 결국 자신의 자아에 집착하는 꼴이다. 반면 자신의 무력함을 알고 하느님께 의탁하는 사람들이 있다. 그들은 하느님을 진실로 접촉한다. 자기 자신을 잊고,

자신이 타인에게 어떤 영향을 미치는지도 잊는다. 그리고 바로 이로써 자신이 지금 여기에 있음을, 온전히 자유롭고 충만하고 생동하며 사랑으로 가득 차 있음을 느낀다.

이러한 마음가짐을 파트너 관계에서도 체득하는 것이 중요하다. 여기서 헌신은 성적 헌신에서 그 정점에 이른다. 성적 합일은 두 사람이 자신의 쾌락과 욕구만 돌보지 않고, 서로에게 자신을 내어 줘야만 온전히 이룰 수 있다. 그때는 그들이 자신으로부터 해방되어, 합일 속에서 최고의 기쁨을 체험한다. 하지만 이 기쁨을 계속해서 붙잡아 둘 수는 없다. 그래서 이 기쁨을 되살리기 위해 헌신의 순간이 거듭 필요하다. 성생활에서 정점에 이르는 헌신은 일상에서도 아주 구체적으로 실행되어야 한다. 엄마가 아이들을 헌신적으로 보살피거나 일상적인 가사에 헌신적으로 활동한다면, 또는 아내가 아플 때 남편이 헌신적으로 간호한다면 그런 순간에도 '자신을 잊는' 기쁨이 생긴다.

언젠가 작가 조르주 베르나노스가 말하기를, 자신을 받아들일 수 있는 것은 크나큰 은총이라고 했다. 우리는 다들 알고 있다. 온갖 한계를 지닌 자신을 받아들이기는 너무 어렵다. 그럼에도 은총 중의 은총은 자신을 잊을 수 있다는 데 있다. 나 자신을 잊는 그 순간, 나는 온전히 현존한다. 그때는 더 이상 내 욕구에 집착하지 않는다. 그때 내가 무엇을 느끼고 있는지, 헌신이 내게 무엇을 가져다줄지 따져 묻지 않는다. 그저 나를 내어 주고, 나로부터 해방된다. 이것이 바로 예수께서 '자신을 버린다'(마태 16,24; 마르 8,34; 루카 9,23)는 말씀으로 뜻한 바다. 이는 모든 것을 자신과 관련짓고 언제나 자신의 이익과 이득을 염려하는 자아의 지배로부터 벗어나는 것을 뜻한다. 자신을 버린다는 영성적 태도는 남녀간의 관계도 자라나게 한다. 우리는 헌신을 통해 자신을 자라나게 하고, 또한 아무 조건 없이 상대도 자라나게 한다.

현실주의와 만족

헌신이란 영성적 개념이 의미하는 바를 우리는 더 소박하게 '만족의 현실주의'(Realismus der Bescheidung)로 바꿔 말할 수 있다. 오늘날 '만족한', '겸손한'(bescheiden)이란 말은 흔히 '욕심이 적은', '분수를 아는'의 뜻으로 사용된다. 원래 이 말은 재판관이 쓰는 말에서 나왔다. 재판관은 우리에게 '판결을 통보한다'(Bescheid geben). 어떤 것을 부여해 준다. 재판관의 판결에 대한 우리의 반응은 그것으로 만족하는 것, 그것에 동의를 표하고 그 이상을 요구하지 않는 것이다. 만족의 현실주의가 의미하는 것인즉, 상대에게 쉼 없이 새로운 요구를 제기하지 않고, 있는 그대로의 그에게 만족하는 일, 또 그가 내게 줄 수 있는 것에 만족하는 일이다. 이러한 만족은 체념이 아니다.

오히려 상대에 대한 존중, 상대가 주는 것의 가치에 대한 인정이다. 만족할 줄 모르는 사람은 안식을 누리지 못하며, 상대에게도 안식을 허락하지 않는다. 상대에게 자꾸만 새로운 것을 요구하고 그로써 그에게 과도한 짐을 지운다. 서로가 서로에게 줄 수 있는 것에 만족할 때만 우리는 더불어 살아갈 수 있다. 이런 소박한 만족이 요즘에는 미덕이 아니다. 하지만 이것은 우리를 관계 안에서의 내적 자유로, 감사의 태도로 이끌어 간다. 상대가 나에게 베풀어 주는 것에 나를 맞추면 우리는 그것을 누릴 수 있고, 또 상대의 겸손한 행동에서 깊은 사랑을 깨닫는다.

수련 여정으로서의 관계

영성은 우리가 실현해야 할 어떤 이상이 아니다. 오히려 영성은 본질적으로 하나의 수련 여정이다. 이 여정의 목표는 우리 자신과 우리 삶의 모든 영역을 더욱더 하느님께 열어 보이는 것이다. 베네딕도회 수도자들이 걷는 수련의 여정은 일상의 모든 것을 포괄하는 대단히 덤덤한 여정이다. 성 베네딕도는 지나치게 높은 이상에 대해 회의적이었다. 성 베네딕도에 따르면 그분과의 관계와 그분께의 헌신은 지극히 구체적인 일들, 즉 도구의 알뜰한 사용, 착실한 노동, 정돈된 일과, 식탁 시중, 청소 활동 같은 구체적인 봉사로 드러난다.

어떤 이들은 결혼 생활이 언제나 행복의 감정을 보장해 준다고 말한다. 하지만 한스 옐루셰크는 이런 낭만주의적 이상에 대해 경고한다. 또한 결혼 생활은 행복의 잔치가 아닌, 행복을 거듭 체험하기 위한 수련 여정임을 강조한다. 이런 의미에서 나는 관계라는 이름의 수련 여정에서 살펴야 할 다양한 주제에 관해 이제 이야기하려 한다. 그렇지만 여기서 이상적인 긴장 해소법을 찾을 수는 없을 것이다. 중요한 것은 바로, 관계를 생동적으로 유지시켜 주는 건강한 긴장을 계속 익히는 일이다.

성과 사랑

사랑은 성으로 표현되려 한다. 남과 여는 성적 일치를 통해 사랑의 절정을 체험한다. 남녀간의 사랑이 완성에 이르기 위해서는 성행위가 필요하다. 성이 배제된 사랑은 메말라 버릴 위험이 있다. 하지만 성행위만이 사랑을 심화하고 관계를 강화하는 것은 아니다. '연애'(Erotik), 이를테면 성의 영성적 형태도 남녀간의 사랑에 바람직한 긴장을 준다. 흔히들 말하듯 연애는 짜릿짜릿하다. 그때 두 사람은 서로 끌린다. 이런 이끌림이 사랑을 생기 있게 지켜 준다.

 사랑을 길러 주는 연애와 성행위는 노년에도 존재한다. 노년의 부부가 서로에게 다정하다면, 상대의 에로틱한 매력을 여전히 느낀다면, 또 여전히 성생활을 충만히 누린다면 이는 정말 멋진 일이다. 과거에는 성생활이 나이 든 사람들에게 어울리지 않는다고 생각했다. 그러나 오늘날 심리학자들은 노년에도 충만한 성생활이 존재하며, 그것이 사랑을 심화한다고 강조한다. 물론 더 이상 성생활이 삶의 중심에 있는 것은 아니다. 나이가 들수록, 부부가 오래 함께 살수록 진짜 중요한 것이 무엇인지 더 분명해진다. 상대를 조건 없이 수용하고, 상대와 삶의 모든 영역에서 (행여 병들고 힘없을 때라도) 함께 동행하는 것이다.

질병이나 임신 또는 심리적 거부 때문에, 두 사람이 성생활을 할 수 없는 시기가 있다. 아내가 성행위를 거부한다면, 이것은 부부간의 사랑에서 위기라고 할 수 있다. 그러나 성행위에 지장을 주는 외적 요인도 사랑을 위한 자극이 될 수 있다. 이런 경우 성에 집착해서는 안 된다. 사랑을 표현하고 생생히 실천하는 다른 방법을 찾아내야 한다. 그러면 성적 사랑은 점점 더 에로틱한 사랑이 된다. 특히 상대가 병에 걸렸을 때 이 에로틱한 사랑이 힘을 잃지 않으려면 영성적 차원이 필요하다. 이 말은 무슨 뜻일까? 여기서 나는 이렇게 자문할 수 있다. '아내를 사랑하도록 마음속 깊은 곳에서 나를 충동하는 것은 무엇인가?' '단지 아내의 성적 매력뿐인가?' '그녀의 아름다움인가?' 이렇게 되물음으로써 나는 내 사랑의 심연에 이르게 된다. 나는 아내를 그저 사랑하기 때문에 사랑하는 것이다. 나는 아내를 있는 그대로, 그녀의 온갖 인간적 한계까지 함께 사랑한다. 아내의 성적 매력과는 관계없이 그녀의 인격을, 그녀의 실체를, 그녀의 유일무이를 긍정한다. 성생활은 사랑을 자라나게 하고 생기 있게 유지시켜 주는 중요한 원천이지만, 배우자 관계에서 사랑은 또 다른 차원, 궁극적으로는 영성적 차원을 끊임없이 지향한다. 상대에 대한 조건 없는 수

용이 될 때, 상대에 대한 신실함이 될 때, 상대와 함께 (질병이든 좌절이든 궁핍이든) 모든 것을 기꺼이 함께할 각오가 될 때 사랑은 진정 생기 있게 지속된다.

열망과 갈망

성의 본질적 양상의 하나는 '열망'(Begehr)이다. 열망은 그리스도교나 불교에서 부정적으로 생각하는 탐욕, '욕망'(Gier)과 다르다. 내가 어떤 사람을 욕망하면 그는 나 자신과 내 필요에 이용된다. 그러나 열망은 흥분이나 욕망과 다른 것을 의미한다. 가령 한 사람이 내 마음을 사로잡으면 나는 그 사람을 열망하게 된다. 그를 뜨겁게 사랑하려 한다. 그를 그리워하게 된다. 또한 한 남자가 자신을 매력적으로 여겨 주는 것을 한 여자가 알아채면, 그 여자도 스스로를 소중히 느끼게 된다. 그녀는 자신이 그에게 미치고 있는 힘을 제 고유의 힘으로 깨닫는다. 여자의 힘은 남자 안에서 열망을 일으키는데, 이 열망이 남자의 사랑을 깊고 열정적이고 에로틱하게 만든다. 이러한 원리는 여자에게나 남자에게나 마찬가지다.

에마뉘엘 레비나스는 이 열망을 자기 자신으로부터의 해방 행위로 이해했다. "열망 속에서 나는 타인을 지향한다. 하여 열망은 나(Ich)와 자기 자신(sich selbst)의 독단적 동일시를 위태롭게 한다." 열망은 남자로 하여금 자신을 떠나서 여자를 향하게 한다. 하지만 남자는 또 알고 있다. 자신의 열망이 완전히 충족될 수는 없다. 성행위가 끝나면 남자의 내면에는 여자에 대한, 그녀와의 일치에 대한 새로운 열망과 갈망이 생겨난다. 레비나스는 말한다. "열망할 만한 것은 열망을 완전히 충족시켜 주지 않고 외려 열망을 더 심화하며, 어떤 면에서는 새로운 허기가 자라나게 한다." 이것은 바꿔 말할 수도 있다. "모든 열망은 내 안에서 절대적 사랑에 대한 갈망, 더 깊은 사랑에 대한 갈망, 아름다움과 망아적 일치 체험에 대한 갈망을 일깨운다."

유다교 전통은 상대의 신비를 지켜 주며 자신을 내어 주는 열망과, 오직 자신과 자신의 격정에만 집착하는 열망을 구별한다. 13세기 저명한 라삐 나흐마니데스는 말했다. "남자가 거룩함 안에서 아내를 가까이하면, 하느님의 현존이 뚜렷이 드러난다. 남자와 여자의 신비 속에 하느님께서 계신다. 그러나 그들이 그저 격정에만 사로잡힌다면, 그분의 현존이 그들을 떠나고 불(火)이 생긴다." 여기서 '거룩함 안에서 아내를 가까이한다는 것'은 성생활까지 포함하는 것이다. 하지만 이것은 아내 안에 있는 거룩함을 명심하는 애착이다. 그 '거룩함'은 내가 포착할 수도 장악할 수도 없는 어떤 것이다. 또한 내가 공경하고 존중할 수 있을 뿐, 소유하지는 못하는 가장 내밀한 본질이다. 내가 이런 식으로 아내에게 헌신한다면,

그 사랑 안에서 하느님의 현존을 체험할 수 있다. 그러나 나 자신과 내 걱정에만 집착하면 그저 불이 생길 뿐이고, 그 불이 잠시 타오르다 꺼지면 나 자신도 다 타 버렸음을 깨닫게 된다.

열망은 결코 완전히 충족되지 않는다. 언제나 열망은 더 큰 사랑을 향한 갈망을 깨운다. 이 갈망이 우리의 사랑을 생기 있게 지켜 준다. 또한 상대가 내 기대와 요구를 채워 주지 않더라도 사랑할 수 있게 해 준다. 상대는 내 갈망을 완전히 충족시켜 주지 못한다. 그래서 갈망은, 상대에게 나를 내어 주고 사랑을 새롭게 체험하도록 끊임없이 나를 재촉하는 힘이다.

또한 갈망은 한 인간에 대한 사랑 그 너머로, 곧 한없는 하느님 사랑으로 나를 이끌어 간다. 이 갈망은 아내나 남편이 채워 줄 수 없는 것이다. 이 갈망에는 하느님의 사랑을 향한 의지가 이미 내포되어 있다. 상대를 향한 나의 사랑은 그분 사랑 안에서 완성될 것이다. 하지만 이러한 갈망 때문에 상대를 향한 나의 구체적인 사랑을 건너뛰는 것은 아니다. 에로틱한 사랑, 성적인 사랑에 대한 체험은 하느님의 무한한 사랑을 향한 갈망을 거듭 충동한다. 그리고 하느님의 사랑을 향한 갈망은 두 사람이 체험하는 구체적인 사랑에 만족하게 해 준다. 우리는 서로가 서로에게 선사해 주는 것에 고마워한다. 그리고 우리는 모든 사랑의 행위와 일상의 사랑 안에서 우리 자신보다 더 큰 사랑을 서로가 바라보게 한다.

정결과 독신, 순수와 변화
그리스도교 전통에서 정결은 흔히 금욕과 동일시되었다. 그리고 이 정결이 특히 요구되었던 것은 독신으로 사는 사람들이다. 그러나 이는 너무 일방적인 판단이다. 독일어로 '정결한'(keusch)이란 말은 라틴어 '콘시우스'conscius에서 왔는데, 그 본래 의미는 '의식하고 있는', '(속사정을) 함께 아는', '정통한'이다. 이 말은 중세에 이르러 '그리스도교의 가르침을 아는'이란 의미를 얻었다. 여기서 더 나아가 '덕이 있는', '고결한', '절제하는', '금욕하는', '정결한'이란 의미가 나왔다. 그러므로 정결은 성의 무조건적인 포기가 아니며, 오히려 성에 대한 합당한 태도와 성적 에너지의 적절한 사용을 뜻한다. 상대를 한 인격으로서 아끼는 사랑, 상대를 나와 내 욕구를 위해 써먹지 않고 유일무이한 인격으로서 아끼는 사랑이 정결이다. 정결의 특징은 상대와 상대의 몸을 소유하려 들지 않는 태도다. 나의 성적 욕구를 채우기 위해 상대를 이용하지 않으면서 헌신하는 성행위가 정결한 성행위다.

정결은 사랑하는 힘을 강화하고 증대한다. 정결은 상대 안에 있는 거룩한 것, 내가 붙잡지 못하는 것을 볼 수 있게 한다. 또한 고대에는 정결에 제의적 의미가 있었다. 정결은 경외나 숭배와 관계가 있다. 상대와의 성적 접촉에서 이런 경외는 정결하게 실천하는 성의 본질적 표지다. 정결은 그래서 성의 포기가 아니다. 상대를 온전히 아끼는 태도로, 욕망이나 중독으로 더럽혀지지 않은 태도로, 상대를 배려하고 존중하는 태도로 성을 실천하는 것이다. 결국 정결은 나의 성이 온전히 인격적임을, 성으로 표현되는 나의 인격이 상대의 인격을 사랑함을 의미한다. 상대를 어떤 도구로, 폭력 발산과 욕구 충족과 긴장 해소의 도구로 남용하는 성은 정결하지 않다.

그리스도교를 포함한 종교의 역사에서 정결은 곧잘 금욕과 동일시되었다. 물론 대부분의 종교에서 금욕은 전투와 제사 같은 특정 상황에서의 금욕이나, 또는 특별한 정신 집중을 위한 금욕처럼 시간적으로 한정된 것이었다. 한시적인 금욕에는 아주 구체적인 목적이 있었고, 성의 계발과 배양에도 도움이 되었다. 한시적인 금욕은, 그것을 의식적으로 감내하면 성을 더 강렬하게 하고 더 높은 차원으로 고양한다.

가톨릭에서는 정결을 특히 독신 제도와 관련짓는다. 여기서 다시 수도자의 독신과 재속 사제의 독신을 구별해야 한다. 수도생활은 그 자체로 독신과 결부된 반면, 사제직까지 의무적으로 그러할 까닭은 없다. 이것은 폐기될 수도 있는 교회법적 전통의 하나다. 그럼에도 수도생활에서든 재속 사제

직에서든 독신이 성에 대한 새로운 이해에 이바지한 것은 분명하다. 그렇지만 독신자가 자신의 성과 화해하고, 또한 성을 자신의 영성 생활에 통합하지 못한다면 독신을 진정으로 실천할 수 없다. 많은 독신자가 성의 통합에 성공하지 못한 채 대개는 성에 대한 매도나 평가절하로, 아니면 성의 은밀한 발산으로 나아간다. 그럼에도 수도자와 사제에게 독신은 성을 영성으로, 즉 하느님 사랑을 보여 주는 삶의 방식으로 변화시키라는 요구다.

독신의 삶은 네 가지 조건이 충족되어야만 성공할 수 있다. 첫째, 성이 영성으로 변화하려면 착실한 생활양식이 필요하다. 이 양식은 주거와 음식, 일상을 꾸려 가는 방식에서 시작한다. 또한 이 양식은 음악과 미술, 문학과 건축에 대한 감수성으로 나타난다. 둘째, 성의 통합에는 좋은 인간관계도 필요하다. 남자와의 관계, 여자와의 관계에서 중요한 것은 타인을 정복하거나 소유하려 들지 않으면서 상대의 접근을 허용하는 친밀한 태도의 배양이다. 셋째, 더 나아가 성은 창의성으로 변화해야 한다. 자신에 대해 창의적이고, 또 자신의 일과 삶에 대해 창의적인 수도자들은 자신의 성도 창의적으로 잘 대한다. 넷째, 신비적 영성으로의 도약이 필요하다. 종교적 의무만 이행하는 것으로는 충분하지 않다. 하느님 안에서의 망아 체험을 예감하는 것이 필요하다. 하느님과의 일치를 향한 갈망은 여자와의 일치를 향한 열망을 포용하여 변화시킬 수 있다.

문제는, 자발적 독신에 대한 이해를 오늘날 거의 찾아보기 힘들다는 것이다. 더 이상 독신이 교회 공동체의 신자들에게 받아들여지지 않고 있다. 우선 이것은 적지 않은 독신자가 그릇된 삶을 살고 있는 것과 분명 무관하지 않다. 하지만 또 이것은 영성을 향한 성의 변화에 대해 사람들의 이해가 부족한 것에도 그 원인이 있다. 오늘날에는 인간이 육체적·정신적으로 건강하게 살려면 반드시 성생활을 해야 한다는 생각이 지배적이다. 개인적으로 나는, 결혼 생활에 충실한 부부들이 내 독신 생활에 대해서도 잘 이해하는 것을 경험했다. 그런데 남자 없이는 살지 못하는 여자들이 시비조로 묻곤 한다. "어떻게 독신으로 살 수 있죠? 그러다간 목석이 되어 버려요. 아무렴, 병이 나고말고요." 독신자와 부부는 서로를 보완해 줄 수 있다. 부부는 독신자에게 성을 어떻게 적절히 다루는지 의문을 제기할 수 있다. 그리고 독신자는 부부에게, 성에 집착하지 않고 사랑을 더 넓은 지평에서 봐야 한다는 따끔한 자극이 될 수 있다. 이것은 무엇이 '낫고' 무엇이 '못한', 또 무엇이 '영성적'이고 무엇이 '세속적'인 우열의 문제가 아니다. 독신이든 부부이든 하느님께 이르는 각자의 길을 찾아야만 한다. 그리고 이 길은 성을 피해 갈 수 없다.

배제와 억압

결혼한 사람들은 서로의 사랑을 성행위로 표현한다. 성행위는 그들이 나누는 사랑의 지고한 표현이다. 부부간에 성생활이 원만하지 못하다면 사랑을 표현하는 또 다른 방식을 찾아야 한다. 독신자는 자신의 성을 배제하거나 억압할 수 없다. 자신의 성을 하느님을 향한 정서적 사랑으로 승화하거나, 성을 자신이 행하고 느끼는 모든 것에 흘러들게 하여 통합해야 한다.

그런데 성보다 더 중요한 것은 사랑, 그리고 관계를 맺는 능력이다. 독신자라고 관계가 없거나 사랑이 없는 것은 아니다. 자신의 관계 상실을 종교적 의미의 독신으로 그럴듯하게 포장하는 사람은 반드시 실패를 맛본다. 성을 변화시키는 것이 아니라, 단지 독신으로 '보상'할 뿐이기 때문이다. 억지로 배제하거나 외면한 성은 언젠가 자기 관철 욕구나 병적 욕구로 표출되기 마련이다. 사제들의 성적 학대나, 교사·보육자·심리치료사들의 성적 학대 같은 불행한 문제는 성의 억압과 관련되어 있다. 억압된 성은 자기 표출의 대상을 대개 약자에게서 찾는다. 성의 배제와 억압은 자신을 구제자나 치유자라는 원형적 표상과 동일시하는 데까지 나아가곤 한다. 카를 융에 따르면 자신을 어떤 원형과 동일시하는 사람은 지금 자신이 무의식적 욕구를 마음껏 발산하고 있다는 사실을 전혀 자각하지 못한다. 자신을 구제자나 치유자의 원형과 동일시하는 교사나 보육자나 사제는 자신의 성을 아이들에게 해소하면서도 그 행동이 비난받아 마땅함을 인식하지 못한다. 이런 성적 학대에서 특히 위험한 것은 바로 그것이 학대라는 사실을 제 양심 앞에서 전혀 시인하지 않는다는 점이다. 심지어는 학대를 영성적·실존적 구제나 치유로 예찬한다. 그래서 자신의 성을 진지하게 돌아보는 겸손이 필요한 것이다. 자신의 성을 자각하고 주의 깊게 다루는 사람은, 약자들에게 깊은 상처를 주는 그런 행위를 자행하지 않는다.

독신자나 기혼자나 모두가 다 자신의 성을 사랑으로 변화시키고 또 성을 관계 안으로 흘러들게 하는 법을 찾아야 한다. 우선 이는 자기 자신과의 관계에 해당한다. 이 관계 역시 에로틱한 색채가 있어야 한다. 나는 내 몸을 기뻐하고 아껴야 한다. 또한 이는 타인과의 관계에도 해당한다. 성은 우리가 본질적으로 타인과 결부되어 있음을 가르쳐 준다. 우리는 마음에 드는 모든 사람과 성적 관계를 맺을 수 없고 또 그래서도 안 된다. 그래도 성은 관계 안으로 흘러든다. 성은 우리의 관계에 긴장과 생기와 활력을 부여하는 에로스가 된다. 더불어 성은 우리가 사물을 예민하게 인지하고 그것들을 기뻐하고 아낌으로써, 사물과의 관계에도 흘러들어야 한다. 끝으로 성은 하느님과의 관계 안으로 통합되려 하는데, 이는 신비적 영성 안에서 이루어진다.

성과 에로스는 우리 안의 사랑을 생기 있게 유지하려 한다. 독신 생활이든 결혼 생활이든 사랑이 없으면 우리 삶은 메말라 버린다. 사랑은 예수 복음의 핵심이기도 하다. 복음서들에 따르면, 예수 당신은 결혼하지 않았다. 하지만 여자들과 친밀한 관계를 맺고 있었다. 여자들은 남자들과 똑같이 예수를 따랐다. 여자들은 예수의 제자였다. 예수가 마리아 막달레나와 각별한 관계였음은 확실하며, 마리아와 마르타 자매와도 마찬가지다. 예수는 결혼을 소중히 여겼다. 이것은 결혼과 이혼에 대한 그분 말씀에서 드러난다. 예수는 남녀의 결혼 생활을 보호하려 했다. 결혼은 하느님께서 원하시는 길, 인간을 위한 길, 그리스도인을 위한 길이다.

하지만 예수는 독신에 대해서도 언급했다. "사실 모태에서부터 고자로 태어난 이들도 있고, 사람들 손에 고자가 된 이들도 있으며, 하늘 나라 때문에 스스로 고자가 된 이들도 있다. 받아들일 수 있는 사람은 받아들여라"(마태 19,12). 유다교 스승들 역시 모태에서부터 고자로 태어난 독신자들을 알고 있었다. 라삐들은 그들을 '하느님 손으로 거세된 이들'이라 했다. 예수 시대에 이르러 스스로 거세한 사람들이 있었는데, 특히 그리스 지역에 있었다. 이스라엘에서는 거세가 금기였다. 예수는 또 다른 거세에 대해 말했다. 하늘 나라를 위해 스스로 고자가 된 이들도 있었다. 그들에게 무엇보다 중요한 것은 하느님 나라인 까닭에 다른 모든 인간적인 욕구는 그 뒤로 밀려났다. 하느님께서 자신에게 머무르시고, 또 자신을 차지하시는 것을 체험한 이들은 거기에 강렬하게 매혹되어, 이를테면 결혼 불능의 고자가 되었다. 하지만 예수는 여기서 어떤 계명 같은 것을 끌어내지는 않는다. 다만 결혼의 신비와 독신의 신비를 말했을 뿐이다. 결혼도 독신도 저절로 그 목적이 성취되지는 않는다. 둘 다 하느님께 자리를 내어 드릴 때만 성취될 수 있다. 예수는 각자의 결정에 맡겼다. "받아들일 수 있는 사람은 받아들여라." 유다인들에게 독신은 아주 낯선 것이었다. 라삐 벤 아자이는 세간의 비난에 맞서 자신의 독신을 변명해야 했다. "나더러 어쩌란 말이오? 내 영혼은 토라(율법)에 매달려 있소. 세상은 다른 이들이 유지하기를!" 예수는 결혼과 독신의 결단을 각자의 소명에 맡긴다. 다른 종교에서는 결혼하기 전이나 오랜 결혼 생활 후에 한시적으로 독신 생활을 하기도 한다. 예수의 말씀을 올바로 이해하려면 규범을 벗어나 각자의 개인적 소명에 더 깊이 유념해야 한다.

생생하고 깊은 의사소통

부부치료 전문가들은 부부간의 충실한 의사소통을 위해 몇 가지 규칙을 제시했다. 그 효과가 검증된 한 규칙은 상대에 대해 말하는 것이 아니라 '나 전달법'(i-message)으로, 즉 나 자신과 내 감정에 대해 말하는 것이다. 중요한 것은 상대의 행동과 태도에 대해 내가 느끼는 것을 곧바로 평가하지는 않으면서 말하는 일이다. 상대를 평가하거나 비난하면 그 즉시 의사소통에 장애가 생긴다. 의사소통 장애의 가장 큰 원인의 하나가 도덕군자식의 훈계다. 가령 상대가 마땅히 어떠해야 하는지 지적한다. 상대가 죄책감을 느끼게 하려고 노력한다. 그런데 이렇게 죄책감을 일으키려는 까닭은, 사실 상대를 지배하기 위함이다. 여기서는 충실하고 성공적인 의사소통을 위한 일반적 규칙을 언급하기보다, 의사소통과 영성의 관계에 대해 관심을 기울이려 한다.

여기서 영성이 의미하는 바는, 명시적으로 우리의 신앙이나 성경에 관해 거론하는 것이 아니다. 물론 이런 것도 서로 대화를 나누고, 서로의 속 깊은 곳에 대해 나누는 좋은 방법이다. 그러나 지금 여기서 내가 이해하는 영성은 더 넓은 것이다. 우리의 깊디깊은 갈망에 대해, 아주 강렬한 체험에 대해, 우리 삶의 바탕에 대해 나누는 것이다. 이러한 의미에서 인간은 누구나 영성적이다. 이렇듯 아주 개인적인 이런 일들을 대화에 들여놓는 태도가 곧 의사소통에서의 영성의 의미다. 중요한 것은 일상의 문제를 주고받는 일만 아니라, 진정으로 나를 지탱해 주는 것, 속 깊은 곳에서 내가 갈망하는 것을 서로 나누는 일이다. 영성은 관계의 가장 내밀한 영역과 관련되어 있다. 그런데 우리의 속 깊은 곳과 관련된 바로 그것이 의사소통에서 제외되곤 한다. 영혼 깊은 곳에서 나를 사로잡는 것, 나를 불안하게 하는 것, 내가 갈망하는 것, 나를 참으로 지탱해 주는 것에 대해 서로가 소통하려면 상대의 체험과 갈망에 대한 예민한 감수성이 필요하다.

프리드리히 휠덜린은 다음과 같은 아름다운 시를 썼는데, 이 시는 파트너 관계에서의 의사소통에 대해 영성적 관점을 시사해 주기도 한다.

> 많은 것을 알게 되었지.
> 천상의 것도 많이 불려 나왔지.
> 우리가 하나의 대화일 때부터,
> 그리고 서로로부터 들을 수 있을 때부터.

휠덜린은 우리가 (실제로 이야기를 나눈다는 의미의) 대화를 한다고 말하지 않고, '우리는 하나의 대화'라고 말한다. 우리가 대화라면 인간의 신비와 천상의 신비, 그리고 하느님의 신비에 대해 많은 것을 알게 된다. 그러면 인간의 진리와 하느님의 진리가 얼마간은 우리에게 문득 열린다. 그렇지만 여기에는 전제 조건이 있으니 우리가 곧 대화가 되는 것, 그저 '상대를 향해'(aufeinander) 듣는 게 아니라 '상대로부터'(voneinander) 듣는 것이다. 나는 상대로부터 그가 꼭 말해야 하는 것을 듣는다. 어떤 소중한 것을 그로부터 넘겨받는다. 상대로부터 들을 수 있다는 것은 횔덜린에게 일종의 기술이다. '로부터'(von) 라는 말은 기원을 나타낸다. 상대로부터 들으면서 우리는 그의 기원에, 그의 역사에, 그의 체험에 참여한다.

독일어에서 '대화'(Gespräch)는 '이야기하다'라는 말에서 나왔다. '이야기하다'(sprechen)는 '말하다' 이상을 의미한다. '말하다'(sagen)는 '가리키다', '보여 주다'(zeigen)에서 나왔다. 내가 어떤 사람에게 무언가를 말한다면, 이는 그 사람에게 바라봐야 할 것을 가리켜 주는 것이다. 반면 내가 어떤 사람에게 이야기를 한다면, 그때는 나 자신의 느낌과 기분을 털어놓는 것이다. '이야기하다'는 '터지다', '깨지다'(bersten)라는 말과 관계가 있다. 무엇인가 중요한 것이 나에게서 터져 나온다는 뜻이다. 나의 감정이 목소리에서 터져 나온다. '대화'(Gespräch)라는 말에 붙는 '접두어'(ge)는 대화를 함께한다는 것, 대화를 나누며 결속이 생긴다는 것을 나타낸다. 대화는 그것을 함께 나누는 사람들을 결속한다. 두 사람을 함께 묶는다. 또한 그 접두어는 '사건'(Geschehen)이 일어남을 의미한다. 그러니 "우리는 하나의 대화다"라는 말의 뜻은 '함께함'이란 새로운 특질을 우리가 체험했다는 것, 우리가 한마음이 되었다는 것이다. 또한 그 말은 대화가 주는 선물을 우리가 체험했다는 뜻이기도 하다. 우리는 듣는 사람이자 말하는 사람이 되었다. 대화 안에서 내적 결속을 체험하는 사람이 되었다. 이러한 결속은 대화가 끝나도 지속된다. "우리는 하나의 대화다"가 근본적으로 의미하는 바는 '서로가 자신을 열어 보이는 친교', '마음속 깊은 곳에서 서로에게 속해 있음을 느끼는 친교'가 우리를 결속한다는 것이다. 우리는 자신을 터뜨려 보이며 상대에게 자신을 열고, 또한 하느님께도 연다. 그분은 영혼의 바탕에서 우리를 서로 결속하신다.

철학적 해석학의 거장 한스 게오르크 가다머는 일찍이 이렇게 말했다. "우리는 대화를 '이끌어 가는' 것이 아니라, 대화 속으로 '들여놓아진다'." 대화를 나누기 전에는 그것이 어디로 귀결될지 우리는 알지 못한다. 하지만 참다운 대화는 우리를 변화시킨다. 자신이 진리를 소유하고 있으며 상대에게 그 진리를 설득해야 한다고 의식하며 대화에 임하는 사람은 없다. 진리는 오히려 대화 안에서 생겨난다. 대화를 나누는 두 사람 모두에게 무엇인가 소중한 것이 불현듯 분명해진다. 진리가 자신을 드러내는 것이다.

대화에서 중요한 것은 상호 소통이다. 상대가 말로써 표현하는 바를 나는 이해하려 한다. 상대의 말 이면에 있는 체험을 소중히 여긴다. 그리고 그 체험 속으로 들어가서 이해하려 한다. 그러면서 나도 비슷한 체험을 한 적이 있는지, 그렇다면 이 체험을 나의 말로 어찌 표현할지 숙고한다. 참된 대화에서 중요한 것은 '옳고 그름'이 아니라, 체험 이면에 있는 본질을 나누는 일이다.

 하지만 이 본질은 우리가 온전히 포착할 수 있는 것이 아니다. 우리를 넘어서는 신비다. 시인 프리드리히 횔덜린과 철학자 한스 게오르크 가다머의 통찰을 파트너 관계의 대화에 적용하자면 그 의미는 다음과 같다. 상대에 대해 들으려면, 상대에 대해 들으면서 그를 사로잡고 있는 것을 체험하려면 '들음에서의 알아차림'이 필요하다. 그래야만 들음 안에서 상대의 역사에 참여할 수 있다. 또한 두 사람이 함께 대화를 나누며 어떤 공동의 것, 그들 자신보다 더 큰 어떤 것이 생겨나게 하려면 '말함에서의 알아차림'이 필요하다. 들음과 말함에서의 알아차림이 이루어지면, 두 사람은 단지 대화를 나누는 것이 아니라, 그들 자신이 곧 대화가 된다. 두 사람 사이에는 어떤 신비스러운 것, 즉 소통이 일어난다. 그들은 서로 마주하며 현존하고, 또 서로를 위하며 현존한다. 그들은 공존의 자리를 얻는다. 그들을 떠받쳐 주는 똑같은 바탕 위에 선다. 하지만 이 바탕은 그들 이상의 것으로, 궁극적으로 곧 하느님이다. 하느님은 그들의 소통을 통해 그들의 본원적 바탕이 되신다.

외로움, 서로 다름, 함께함

"너는 행복을 꿈꾸지. 그리고 슬픔 속에 살지. 너는 오직 혼자서 외롭지. 그리고 아주 고약하게도 외로움이 둘이지"라고 에리히 캐스트너는 노래했다. 「작은 독주곡」이란 이 시는 사랑에 대한 희망이 흩어져 버림에 대한 것이다. 이것을 두려워하는 사람이 많다. 위르크 빌리는 사람들을 상담하며 다음과 같은 사실을 확인했다. "독신자보다 결혼 생활을 하는 사람이 더 큰 외로움과 관계 결핍을 느끼는 사례가 많다." 관계를 이제 막 맺기 시작할 때는 많은 부부가 평생을 함께하며 서로의 삶을 공유하기를 바란다. 하지만 아무리 공유하는 것이 많더라도 문득 외로워하는 자신을 깨닫곤 한다.

그런데 외로움에는 두 가지 얼굴이 있다. 한편으로는 상대가 자신과 공명하지 않는다는 쓰라린 체험에서 기인하는 외로움이 있다. 다른 한편으로는 결혼 생활을 하더라도 근본적으로 해소될 수 없는 외로움이 있다. 친교는 두 사람이 결혼 생활에서 누리는 권리이자 요구다. 하지만 사실 이 친교는 각자가 자신의 외로움을 절감할 때라야 가능하다. 두 사람은 평생을 같이 살며 모든 것을 함께 체험하기로 결심했다. 그런데 이제는 무엇인가 다른 것을 체험한다. 상대가 나를 마음속 깊은 곳에서는 이해하지 못한다는 것을, 나를 알아보지 못하고 진정으로 인지하지 못한다는 것을 서로가 깨닫는 것이다.

그 결과 권태를, 상대와 나를 가로막은 벽을 체험한다. 바로 '외로움이 둘'인 것이다. 결혼 생활에서 외로움을 겪는 사람은 이를 상대를 비난하는 빌미로 남용해서는 안 된다. 그러면 상호 불통이 더 악화될 뿐이다. 중요한 것은 외로움과 화해하는 일이다. 외로움은 우리 인간의 본질에 속한다. 서로 아주 친밀하더라도 우리 안에는 상대가 들어올 수 없고, 또 이해할 수 없는 영역이 존재한다. 내가 이 외로움을 받아들이면 상대와의 친교를 감사하는 마음으로 체험할 수 있다. 그럼에도 우리는 아주 중요한 것을 서로 나눌 수 있다. 우리는 이 사실을 축복으로 깨닫는다.

많은 부부에게 닥치는 또 다른 문제가 있다. 영적으로 서로 닮았다고 느끼는 다른 여자나 다른 남자를 문득 만나는 것이다. 가령 한 아내가 그녀의 영성에 대해 대화를 나눌 수 있는 한 남자를 만난다. 또는 한 남편이 그를 비난하지 않고 오히려 그의 능력과 영성과 특성을 일깨워 주는 한 여자를 만난다. 이러한 만남과 우정은 부부 관계를 풍요롭게 만들어 줄 수 있다. 그러나 위기가 될 수도 있다. 아내가 자신과는 이야기를 나누지 않는 일에 관해 다른 남자와 잘 통하면 남편은 질투하게 된다. 남편이 다른 여자와 내적으로 깊은 동질감을 느끼면 아내는 질투심과 배신감이 든다. 그러한 우정을 계속 유지한다는 것이 대개는 일종의 아슬아슬한 줄타기다. 이것은 부부 관계를 파탄에 이르게 할 수 있다. 그러나 또한 부부 관계가 잘 이루어지는 데 이바지할 수도 있다.

이것이 부부 관계에 도움이 되려면 두 가지 조건이 필요하다. 첫째, 이 우정의 한계를 분명히 알아야 한다. 즉 부부 관계와 경쟁하면 안 된다는 것을, 성적 관계로 나아가면 안 된다는 것을 알아야 한다. 둘째, 부부는 각자 자신의 한계를 잘 알아야 한다. 남편은 자신이 영적으로는 자질이 별로 없어서 아내와 아주 제한적으로만 영성에 대해 말할 수 있음을 자인한다. 아내는 자신이 남편의 모든 욕구를 충족시켜 주지는 못함을 자인한다. 이때는 다른 여자나 남자와의 우정이 부부 관계에 축복이 될 수 있다. 그래도 전제는 부부간의 신실함과 솔직함이다. 그리고 내가 내 배우자와 공유하는 것에 대해, 신의와 일상의 신뢰에 대해, 나를 지탱해 주는 배우자의 사랑에 대해 감사해야 한다. 만일 은연중에 아내에 대한 반감에서 다른 여자와의 우정을 맺기 시작한다면, '내 아내는 허물도 많고 나를 제대로 대접해 주지 않지만 그 여자는 나를 이해해 준다'는 식으로 말한다면 그 우정은 부부 관계를 위태롭게 한다. 그럴 때는 제삼자와, 가령 친구나 심리치료 전문가와 상의하는 게 좋다.

일반적으로 남녀가 바라는 것이 서로 다를 때 관계가 풍요로워진다. 서로 다름은 성격이나 출신, 관심사나 종교적 성향과 관련될 수 있다. 이런 상이성은 파트너 관계를 생기 있게 하고 사랑을 깊어지게 하는 건강한 긴장을 불러올 수 있다. 물론 상이성이 너무 커서 동일성이 거의 없는 경우도 있다. 남녀가 다르다는 것은 많은 주제에 대해 서로 생각을 나누라는 도전, 상대의 욕구와 체험을 존중하라는 도전, 자기 자신에게 의문을 제기하며 제 스스로 풍요로워지라는 도전이 될 수 있다. 그러나 결정적으로 중요한 것은 두 사람이 상대의 다름을 받아들이고, 상대의 마음을 움직이는 것에 호기심을 품는 일이다. 나와 같은 생각을 가지거나 같은 관심을 보여 줘야 한다고 상대를 닦달한다면 상이성은 끊임없는 다툼의 빌미가 된다.

여자들과 상담하다 보면 종종 듣는 사연이 있다. 서로를 잘 이해하는 남자친구가 있는데 신앙적이지는 않다는 토로다. 남자친구에게는 그리스도교적 배경이 없다. 세례를 받기는 했지만 신앙을 실천한 적은 전혀 없다. 여자들은 상대가 신앙이 없는데도 인생 여정을 함께 걸을 수 있을지 묻는다. 자신에게 신앙이 중요하다면 상대에게 반드시 이를 언급해야 한다. 상대가 나와 똑같은 영성적 배경을 가지고 있어야 하는 것은 아니다. 하지만 상대가 내 영성의 길을 진지하게 받아들이기를, 내가 그 길을 계속 가게 해 주기를 바랄 수는 있다. 상대의 수동적인 관용으로는 충분하지 않다. 내 삶의 영성적인 부분에 대한 상대의 진지한 관심과 열린 마음이 필요하다. 상대가 내 영성의 길을 따를 필요는 없다. 그럼에도 나는 내 영성이 존중받고 진지하게 받아들여지기를 원한다. 스스로가 자신의 영혼 저 깊은 곳에 닿아 있지 않은 까닭에 영성에 부정적인 남자가 많다. 상대가 피상적으로만 산다는 기분이 든다면, 정말로 인생길을 함께 걷는 것이 가능할까 자문해야 한다. '우리를 결속해 주는 것이 아주 강력해서, 내면적 괴리도 메워 줄 수 있을까?' '나는 내 영성의 길에서 홀로 남겨지는 것을 두려워하지는 않는가?' '영성의 길을 완전히 나 혼자만 간다면 언젠가는 상대를 포기하게 되지 않을까?' 이러한 문제는 두 사람이 서로 대화를 나눠서 합당한 답을 낼 필요가 있다. 두 사람의 생각과 목표가 영성적 차원에서 너무나 다르다고 해서 결혼 생활이 꼭 불행할 것이라 예단할 수는 없다. 하지만 그들은 상대의 영성을 어떻게 대할 것인지 분명히 해야 한다.

예전에는 가톨릭 신자가 개신교 신자와 결혼하면 어려움을 겪는 일이 많았다. 하지만 지금은 거의 문제가 되지 않는다. 물론 이 경우에도 교회에 나가는 일이나 세례 등을 어떻게 할지는 서로 이야기를 해 봐야 한다. 사실 자녀들은 한 교파에서만 세례를 받게 할 수 있다. 상대가 그리스도교가 아닌 다른 종교에 속했을 때는 문제가 조금 더 어려워진다. 그때는 관계가 잘 유지될 수 있을지 숙고해야 한다. 진심으로 사랑한 까닭에 무슬림과 결혼한 여자들을 나는 알고 있다. 그러나 그들은 자신들의 신앙이 무슬림에게, 특히 배우자와 자녀들에게 불러올 수 있는 사회적·문화적 결과를 고려하지 않았다.

또한 나는 알고 있다. 원래부터 신앙이 없고 세례도 받지 않은 남편이 신심 깊은 아내와 서로를 잘 보완해 주는 경우도 있다. 늘 그 여자는 신실한 배우자를 만나기 원했다. 신앙을 중시하던 한 젊은 남자와의 첫 교제는 깨졌다. 요컨대 신앙의 공유만으로 관계가 잘 맺어지리라 보장할 수는 없는 것이다. 사실 남자들은 관계를 맺는 능력과 확신의 결핍을 신앙으로 은폐하곤 한다. 그 후 그녀는 신앙이 없지만 개방적이고 자신의 신앙에 관심을 보이던 지금의 남편과 대화하며 거듭 자문했다. '과연 내가 참으로 믿는 것은 무엇인가?' '신앙은 내게 무엇을 주는가?' '나는 왜 믿는가?' '나는 이 신앙을 구체적으로 어떻게 실천하고자 하는가?' 두 사람이 서로에게 마음을 열 때는 상이한 영성적·종교적 성향이 더불어 사는 삶을 풍요롭게 해 줄 수 있다. 하지만 한쪽이 다른 한쪽을 설득하여 제 쪽으로 끌어오려 하는 경우도 비일비재하다. 그때는 서로 다른 성향이 관계를 짓누르는 무거운 짐이 된다.

생산적인 싸움하기

긴장과 갈등 없는 부부 관계란 없다. 갈등을 잘 다루는 것은 두 사람이 함께 성숙하는 기술의 하나다. 중요한 것은 이미 일어난 갈등으로 상대를 비난하지 않는 일이다. "잘못은 당신에게 있어. 나는 사실 평온하게 지내려고 노력한다고. 양보하는 것도 매번 나잖아. 그런데도 당신은 싸우지 못해서 안달이지." 이런 식의 비난은 분위기에 독이 된다. 갈등이 생기면 두 당사자가 늘 명심해야 할 것이 있다. 상대는 나와 달리 생각할 수 있고, 또 나와 똑같이 느껴야 하는 것도 아니라는 사실이다.

갈등을 상대를 비난하는 빌미로 삼아서는 안 된다. 갈등은 외면의 마찰 지점으로부터, 두 사람이 공유하는 내면의 깊은 바탕으로까지 이르는 기회가 될 수 있다. 이 공동의 바탕에서는 상이한 입장도 참고 품어 줄 수 있다. 우리가 같은 생각을 가져야만 하는 것은 아니다. 언제나 화합해야 하는 것도 아니다. 모든 갈등에는 마찰이 따른다. 마찰은 우리를 마모시킬 수 있다. 하지만 서로를 더 가까워지게 할 수도 있다. 한 격언에 따르면 마찰이 있는 곳에 온기도 생긴다. 갈등은 사랑에 더 큰 온기를 가져다주곤 한다.

심리치료 전문가들은 파트너 관계에는 적절한 논쟁과 갈등이 필요하다고 말한다. 사람과 사람이 붙어 살 때, 문제와 갈등을 흐지부지 뭉개 버린다고 상책은 아니다. 또한 갈등이 그 자체로 부정적인 것도 아니다. 두 사람의 마음을 움직이는 주제에 관한 논쟁은 자극이 될 수 있고, 관계에 생기를 불어넣을 수도 있다. 두 사람이 싸운다는 사실은 여전히 서로에게 관심이 있다는 표시다.

물론 심리치료 전문가 한스 옐루셰크는 자신이 옳다는 것을 상대에게 인정받기 위해 곧잘 다투는, 전형적인 부부싸움이 있다는 것도 잘 알고 있다. 내가 옳다고만 주장하며 싸운다면 그 싸움은 비생산적이다. 두 사람이 싸울 때는 서로의 다른 입장이 확실히 드러나야 한다. 그래야 여러 상이점 중에서 일정 공통분모를 찾을 수 있다. 그 밖의 상이점에 대해서는 서로 다른 입장을 있는 그대로 두는 일이 중요하다. 특정 사안에 대해 동의할 수 없더라도 우리는 상대를 받아들일 수 있다. 상이한 입장을 그대로 둠으로써 우리는 각자의 좁은 입장보다 더 크고 더 넓고 더 굳센 공동의 위치를 얻는다. 상이점이 다소 많더라도 공동의 바탕을 깨닫는다. 우리는 그 위에 함께 서 있다.

질투

많은 부부가 괴로워하고 또 흔히는 싸움으로 치닫는 문제가 하나 있으니, 바로 질투다. 한 부인이 내게 고백하기를 질투를 도무지 어찌할 수가 없다는 것이었다. 그녀는 자신의 남편을 매일 8시간이나 직장에서 마주하는 여비서를 질투했다. 질투 때문에 그녀는 남편이 여비서와 불륜을 저지를 수도 있다는 상상에 사로잡혔다. 그녀는 그 문제로 걸핏하면 남편을 비난하거나, 여비서와 정말 아무 일도 없는지 집요하게 캐물었다. 남편은 그런 상상 같은 일은 전혀 없다고 아내에게 거듭 확언했다. 그녀의 반응은 모순적이었다. 한편으로는 남편의 말을 믿었다. 하지만 남편이 출근만 하면 질투에서 비롯된 온갖 망상에 줄곧 시달렸다. 그녀는 질투 때문에 정작 자신이 부부 관계를 위태롭게 한다고 생각했다. 분명 언젠가는, 끊임없이 해명해야 하는 일이 남편에게 진절머리가 날 수도 있었다. 그것은 그녀가 두려워하는 일이기도 했다.

　우리는 질투를 흔히 부정적인 것으로 여긴다. 그러나 유다교 신비주의는 『조하르』라는 책에서 말했다. "질투하지 않고 사랑하는 사람은 정말로 사랑하는 사람이 아니다." 이 말은 그 부인을 양심의 가책에서 벗어나게 할 수 있다. 그녀의 질투도 실은 남편에 대한 깊은 사랑의 표출인 것이다. 그래도 그녀가 원하는 것은 질투를 잘 다루는 법을 찾는 것이다. 그리하여 질투가 부부 관계에 무거운 짐이 되지 않게 하는 것이다. 그녀는 무엇을 할 수 있을까? 일단 중요한 것은 자신의 질투와 대화를 나누는 일이다. 나의 질투에는 상대가 오직 내 곁에 머무르며 나만 사랑하고 나만 바라보고 나만 존중하기를 바라는 갈망이 잠재되어 있다. 이러한 갈망을 분명히 의식하고 자신에게 명확히 표현해 보면, 그것이 얼마나 비현실적인지 깨닫게 된다. 나는 상대를 소유하거나 통제할 수 없다. 그는 자유로운 인간이다. 그가 다른 여자와도 이야기하는 것은 당연하다. 나는 질투하는 나 자신을 비난하지 않는다. 오히려 질투 안에서 내 사랑의 표출을, 동시에 절대적 확신에 대한 내 강렬한 갈망의 표출을 확인한다. 이런 갈망을 인정함으로써 나는 질투를 객관화한다. 그러다가 결국에는 이 대화를 통해 질투를 넘어서 영성적 차원으로 나아간다.

    나는 질투와 대화를 나누며 깨닫는다. '그래, 내 남편이 다른 여자에게 관심을 두지 않으리라는 보장도 없지. 다만 내가 신뢰할 수 있는 것은 그가 나를 사랑한다는 사실이야.' 나는 하느님께서 우리의 사랑을 축복하심을 믿을 수 있다. 나는 남편의 애정에 스스로 얽매이지 않는다. 나는 뭐라 해도 유일무이한 여자로서 하느님께 사랑받고 있으며 그분 앞에서 소중한 존재다. 하느님의 사랑이 나를 지탱하고 있음에 질투는 점차 변화될 수 있다. 느닷없이 솟구치는 질투 덕에 남편을 향한 내 깊은 사랑을 깨닫는다. 또한 하느님 안에서 깨지지 않는 사랑을 향한 내 갈망도, 영원토록 기댈 수 있는 그 사랑을 향한 내 갈망도 깨닫는다.

내가 질투를 어찌 다루든, 질투는 거듭 되살아나고 내 안에서 고통을 일으킬 것이다. 그러나 바로 이 고통이 사랑을 깊어지게 할 수 있다. 고통 없이는 열정적 사랑도 없다. 중세 신비가들에게 예수의 수난은 우리 인간에 대한 열정적 사랑의 표현이었다. 예수는 고통을 회피하지 않음으로써 우리에 대한 당신 사랑을 육체적으로 드러냈다. 예수는 고통을 애써 피하지 않았고, 외려 사랑의 표현으로 변화시켰다. 부부나 연인도 같은 체험을 한다. 둘 중 하나가 마음속에서 불현듯 솟구치는 질투 때문에 고통스러워질 때 그 고통에 맞서지 않으면, 오히려 자신의 내면 저 깊은 곳으로 이끌려 간다. 그곳에서 그는 하느님께 사랑받는 한 인간을 만난다. 하느님께 사랑받는 한 사람이 자신 안에 살고 있는 것이다. 그리고 그곳에서, 마음의 바탕에서 그의 사랑은 더 깊어진다. 그는 사랑에 대해, 또한 그 사랑받는 인간에 대해 온전히 열려 있다. 상대를 사랑함으로써 체험하는 고통을 통해 마침내 우리는 사랑이신 하느님께 자신을 터뜨려 열게 된다.

　이러한 영성 수련의 길은 불교와의 차이를 보여 주기도 한다. 불교의 길은 자기 내면을 깊이 명상함으로써 스스로 얻게 되는 깨달음을 지향한다. 사랑의 길은 고통을 거쳐, 궁극적으로는 십자가를 거쳐 간다. 이렇듯 십자가는 사랑을 통한 영성 수련의 본원적 표상이 된다.

과오와 화해

원하든 아니든 부부 관계에서 우리는 끊임없이 서로에게 상처를 준다. 많은 부부가 상처를 주고받으며 불화를 일으킨다. 이러한 기제의 작동 원리는, 상대가 나에게 상처를 주면 나 또한 그에게 상처를 주어야 한다는 것이다. 안 그러면 내가 계속 상처를 입는다고 느껴진다. 안 그러면 내가 걸핏하면 함부로 취급되고 들볶이는 희생자가 되는 기분이다. 서로에게 상처를 주는 것은 불가피한 것이기에 이것을 마주하는 방법이 중요하다. 상처를 받는 것은 자신을 조금 더 잘 알게 되는 기회이기도 하다. 상대가 나에게 입히는 상처를 통해 나는 어린 시절의 상처와도 만나게 된다. 상대가 나에게 저지르는 나쁜 행동을 비난하는 대신 기회로 삼아야 한다. 나의 취약하고 예민한 부분을 다시금 살펴보고 과거의 상처와 화해하는 것이다.

결국 이는 영성적 과제이기도 하다. 내가 받는 상처는 나를 참된 자신을 향해, 그리고 상대를 향해 깨뜨려 열려고 한다. 우리는 상처를 받음으로써 자신에 대해, 그리고 상대와의 관계에 대해 내 스스로 만들어 낸 표상을 깨뜨린다. 그러다 마침내 내 삶의 본원적 바탕인 하느님께도 나를 깨뜨려 열기를 바란다. 하느님께서 내 안에 머무르시는 그곳에서는 상대도 나에게 상처를 입히지 못한다. 이처럼 일상에서 겪는 상처와 모욕은 내 안의 고요한 공간을 일깨운다. 그 공간에서 나는 흠 없이 온전하다. 아무도 나를 모욕할 수 없다.

일상에서 주고받는 상처는 대부분 무의식적인 것인데, 꼭 그런 것만도 아니다. 상대가 나에게 실제로 잘못을 저지르는 경우도 있다. 가령 상대가 내 믿음을 배반한다. 십계명을 빌려 말하자면 그는 간음한 꼴이고, 일찍이 하느님과 사람들 앞에서 다짐한 서약을 지키지도 않은 것이다. 다른 여자와의 관계를 숨겼고, 해명을 요구할 때는 거짓말까지 했다. 그는 죄를 지었다. 문제는 우리가 이 죄를 어찌 마주해야 하는가 하는 것이다. 이러한 상대에게 한평생 참회복을 입히는 부부 관계가 있다. 용서가 없는 것이다. 그가 어떤 잘못을 저지르거나 소망을 드러내면 곧바로 이런 비난을 듣게 된다. "착각하지 마, 당신은 그때 내게 너무 큰 상처를 줬잖아." 한 번의 과오가 영원히 비난의 구실이 된다. 상대는 동등한 의사소통의 기회를 전혀 갖지 못한다.

여기서 분명한 것은 용서가 없으면 결혼 생활이 올바로 이루어지지 않는다는 사실이다. 물론 용서가 상대의 과오를 묵과하는 것을 의미하지는 않는다. 나는 상대의 과오를 직시하고, 또 상대도 자신의 과오를 직시하게 한다. 자신이 내게 얼마나 큰 상처를 주었는지 상대가 깨달아야 한다. 다른 한편으로 나는 상대를 용서하고 지난 일을 놓아 버릴 준비가 되어 있다. 이럴 때 화해의 의식이 있으면 용서가 서로에게 실현되는 데 도움이 될 수 있다.

여기서 중요한 문제가 하다 더 있다. 나 자신의 잘못은 어찌 마주할 것인가? 우리는 원하지 않더라도 부부 관계로 더불어 살다 보면 상대에게 잘못을 저지르기 마련이다. 그래서 상대는 물론 나 자신도 늘 어느 정도는 빚을 지고 있다. 상대의 마음에 상처를 줄 때, 배려하지 못할 때 , 바깥일에 무능할 때 우리는 잘못을 느낀다. 결혼 생활에 불성실할 때도 상대에게 죄스럽다. 많은 사람이 이런 느낌을 애써 떨쳐내고 그냥 일상으로 넘어간다. 그러나 어떤 사람은 그런 자신을 못 견딘다. 부부 관계가 그 지경에 이른 것에 끊임없이 자책한다. 스스로가 납득되지 않아 자기 자신을 거부한다.

역시 중요한 것은 자존감을 완전히 상실할 정도로 자신의 과오에 집착해서는 안 된다는 사실이다. 예수는 '약은 집사의 비유'(루카 16,1-8)에서 자신의 빚을 어찌 다루어야 하는지 일러 준다. 그 빚은 내가 노력해서 갚을 수 있는 빚이 아니다. 그렇다고 무릎 꿇고 빈다고 갚을 수 있는 빚도 아니다. 유일한 길은 나만은 흠이 없다는 생각을 내려놓고 다른 이들과 하나가 되는 것이다. 집사는 주인의 다른 채무자들과 빚을 함께 나눈다. 집사는 다짐한다. "나는 빚이 있는데, 당신도 빚이 있다. 그러니 빚을 함께 나누자." 이런 식으로 서로가 눈을 맞추는 것이다. 물론 이러한 타협의 전제 조건은 하느님께서 나를 용서하셨다는 믿음이다. 그분께서 나를 용서하셨다면 나 또한 나를 용서해야 하고, 내 과오를 내내 자책해서는 안 된다. 그런 자책은 나를 옴짝달싹 못하게 하고, 사랑을 깊어지게 하기는커녕 점차 공허하게 만들 것이다. 죄책감에 얽힌 사랑은 점점 약해질 뿐이다.

하지만 남편에게 배신당한 아내는 어찌해야 할까? 반대로 아내에게 애인이 있다는 것을 알게 된 남편 심정은 또 어떨까? 어떤 부인이 친구로부터 자기 남편이 다른 여자와 관계를 맺고 있다는 소리를 들었다. 그녀는 해명을 요구하는데, 남편은 거짓말을 한다. 그녀는 남편의 휴대폰을 검사하고 그의 애인이 보낸 문자 메시지를 확인한다. 믿음이 깨진다. 그녀는 더 극심한 고통과 분노와 환멸에 사로잡힌다. 어찌하면 그녀가 이런 감정의 혼란에서 벗어날 수 있을까? 자신이 상처받은 것을 스스로 모르는 체한다고 도움이 되지는 않는다. 자신의 고통과 실망과 분노를 남편에게 분명히 밝혀야 한다. 또 남편은 자신이 아내에게 얼마나 큰 상처를 주었는지 절감해야 한다. 자신의 과오를 직시해야 한다. 고통과 분노가 억제되지 않고 명확히 표출된 후에야, 비로소 아내는 남편을 용서하려 해 볼 수 있다. 그래도 불신은 여전하다. 근본적 신뢰에 금이 간 것이다.

이것이 아내에게는 하나의 도전이다. 그녀는 이제 남편만 믿으며 자신의 삶을 꾸려 갈 수가 없다. 더 굳건한 신뢰가 필요하다. 이것은 궁극적으로 하느님에 대한 신뢰다. 자신의 삶을 남편이 아닌 하느님의 기초 위에 세워야만 그녀는 이 상황을 이겨 낼 수 있다. 요컨대 상처를 받음으로써 그녀는 단순한 심리적 차원에서 영성적 차원으로 옮겨 가지 않을 수가 없는 것이다. 이로써 그녀는 인간적으로 받은 상처와 거리를 둘 수 있다. 하지만 영성이 상처로부터의 도피가 되어서는 안 된다. 그때는 고통을 진정으로 자각하는 게 아니다. 영성적 차원으로 도망감으로써 결국에는 인간적으로 직면하고 청산해야 할 바를 회피하는 것이다.

여기서는 두 가지가 중요하다. 영성적 차원은 그녀가 고통과 거리를 두게 하고, 혼란스러운 감정들 가운데서 발을 디딜 바탕을 내어 준다. 그럼에도 그런 다음에는 온전히 인간적으로 당면한 상황을 똑바로 아는 것이 중요하다. 가장 좋은 방법은 그녀가 깨져 버린 신뢰와 깊은 내적 상처에 관해 남편과 대화하는 것이다. 신뢰를 회복할 수 있는 길을 두 사람이 함께 숙고한다. 여기에는 남편이 지켜야 할 몇 가지 확고한 원칙이 필요하다. 하지만 또 아내에게는 아직은 용서가 가슴에서 우러나지 않더라도 남편을 용서해 보려는 자세가 필요하다. 남편을 다시 신뢰해 보려는 의지가 필요하다. 또한 두 사람은 상대에게 모든 책임을 전가하지 않고 사태의 원인을 되짚어 볼 수 있다. '우리 결혼 생활에서 무엇이 잘못되어 왔는가?' '너무 타성에 젖어 살아왔는가?' '사랑이 어느새 사라져 버렸는가?' '행여 둘 다 너무 무심했는가?' '서로의 사랑을 위해 너무 적게 노력했는가?' 이렇게 노력해 본다면 상처를 주고받은 사건이 두 사람에게는 새삼 축복이 될 수 있다. 이때는 외부의 도움이 때때로 중요하다. 상처가 치유되어 진주가 될 때까지는 인내가 필요하다. 물론 이런 노력이 수포로 돌아가는 일도 있다. 그때는 헤어지는 것이 상처를 치유하는 유일한 길이다.

신뢰와 개방

사랑이 꽃피고 열매를 맺기 위해서는 신뢰와 개방의 분위기가 필요하다. 신뢰를 상대에게 요구할 수는 없다. 신뢰는 자라나는 것이다. 파트너에 대한 신뢰, 건강한 자신감, 하느님에 대한 신뢰는 서로 긴밀히 결부되어 있다. 자신감이 없는 사람은 타인을 신뢰하는 데도 어려움을 겪는다. 엄마로부터 받은 상처를 파트너 관계 속으로 끌고 오는 사람은 상대가 자신을 늘 돌봐 주기를 기대한다. 그런 과거가 있는 사람은 자신이 받는 관심과 애정에 결코 만족하지 못한다. 아빠로부터 받은 상처가 있는 사람은 마음속에 깊은 불신을 품고 있다.

이런 불신이 작동하면 상대가 솔직하게 하는 말을 자신에 대한 공격으로 알아듣고, 또 눈짓 하나도 곧 거부로 해석한다. 이처럼 상처 입은 분위기에서 신뢰를 쌓기란 쉽지 않은 일이다. 상대에 대한 신뢰가 자라나게 하기 전에 먼저 나 자신의 상처와 직면해야 한다. 하지만 때로는 파트너의 신뢰가 나의 상처를 치유해 줄 수도 있다. 이는 물론 내가 나의 상처를 외면하지 않아야만 가능하다.

살아가다 신뢰가 배반당한 경험이 있는 사람은 상대를 온전히 신뢰하는 데 어려움을 겪는다. 반면 남을 너무 쉽게 신뢰하는 사람도 있다. 한 남자가 내게 이야기하기를, 아내를 믿고 모든 돈을 맡겼는데 그녀가 통장 잔고보다 초과 인출을 하여 예전 남자친구에게 송금한 사실을 알았다고 했다. 신뢰에도 현실감각이 필요한 것이다. 절대적 신뢰란 존재하지 않는다. 건강한 불신은 있어도 괜찮다. 그러나 상대의 믿음직한 모습을 거듭 체험함으로써 신뢰가 자라면 무의식 속에 잠재한 불신은 차츰 밀려난다. 신뢰는 내가 먼저 주어야 자라날 수 있다. 상대가 나를 신뢰할 때까지 기다려서는 안 된다. 그렇다고 신뢰를 무한정 먼저 줄 수만은 없다. 그럼에도 신뢰가 더욱 자라나리라는 희망으로 서로가 신뢰를 먼저 줌으로써 당면한 상황을 넘어설 수 있다. 그리고 신뢰가 커질수록, 또한 더 큰 신뢰를 줄 수 있다. 이렇게 신뢰가 더욱더 자라나 서로 마음을 여는 분위기를 만들면 각자 모든 것을 털어놓을 수 있다. 또 자신의 말이 오해를 사거나 남들에게 전해지지는 않을까 걱정하지 않아도 된다. 이런 신뢰와 개방의 분위기는 서로 믿고 의지하는 데까지 나아간다. 내가 눈 감고도 상대에게 의지할 수 있으면 자유와 안정의 분위기가 생겨난다. 이 분위기 속에서 사랑은 활짝 피어나고 점점 더 튼튼히 자란다.

개방이란, 서로가 상대를 속속들이 알려고 하는 것이 아니다. 또한 자신의 영혼에서 일어나는 모든 것을 상대에게 맡겨야 하는 것도 아니다. 신뢰는 결코 강요할 수 없다. 서로가 아무리 개방적이라도 각자의 내면에는 상대가 들어올 수 없는 신비의 영역이 있다. 여기서 신비란 수치스러워서 감추게 되는 어떤 것이 아니다. 여기서 말하는 바는 인간의 내면에는 그 자신도 분명히 표현할 수 없어서 상대에게도 말할 수 없는 그 어떤 것이 있다는 사실이다. 우리 안에는 우리 자신을 넘어서는 신비가 있다. 우리는 우리 영혼의 바탕에 있는 이 신비를 통해 하느님의 신비와 접촉한다. 나의 신학 스승 카를 라너는 늘 하느님을 절대적 신비라고 지칭했다. 우리가 하느님의 신비를 규명할 수 없는 것과 마찬가지로, 우리 영혼의 신비와 상대의 신비도 해부할 수 없다.

서로가 자신을 개방하면 또 다른 긴장이 발생한다. 개방성과 본원성 간의 긴장이다. 두 사람은 모두가 온전히 그 자신이고, 또한 본원적이며, '참된 자기'(*autos*)와 맞닿아 있다. 스토아철학에서 '아우토스'는 인간 내면의 성소, 곧 신성한 영역을 가리킨다. 이 신성한 영역은 상대가 다다를 수 없는 곳이다. 우리는 상대에게 속마음을 털어놔야 하지만, 그럼에도 참된 자기라는 가장 내밀한 신비는 고스란히 드러낼 수 없음을 알고 있다. 그러니 신뢰와 개방의 분위기 속이라도 서로가 괴로울 정도로 달라붙을 이유는 없다. 오히려 조금씩 물러나서 서로를 드러내는 것에 만족하는 편이 좋다. 무엇보다 중요한 것은 모든 것을 말해야 한다는 압박을 받지 않으면서, 동시에 자신의 마음을 움직이는 것을 그저 자유롭게 말하는 분위기를 만드는 일이다.

개방의 분위기에서 두 사람은 자신의 마음을 움직이는 것이라면 과거의 상처뿐 아니라 현재 자신을 억누르는 일까지도 모두 다 말할 수 있다. 둘 중 하나가 용기 내어 속내를 털어놓으면 마음의 짐이 가벼워진다. 상대가 그 짐을 함께 져 주기 때문이다. 그때는 사도 바오로 말한 '그리스도의 율법'을 체험하는 것이다. "서로 남의 짐을 져 주십시오. 그러면 그리스도의 율법을 완수하게 될 것입니다"(갈라 6,2). 이 율법은 두 사람에게 모두 해당하는 어려운 문제라도 적용된다.

파트너가 직장에서 얻어 온 불만도 결혼 생활을 힘들게 한다. 예컨대 남편이 집에 돌아오며 직장 문제도 함께 가져온다. 남편은 화가 난 상태다. 아내가 말을 걸어 봐도 짧고 무뚝뚝한 대답만 돌아온다. 아내는 즐겁게 대화하고 싶지만 남편은 마음이 닫혀 있다. 그럴 기분이 아니다. 반대로 아내가 집으로 돌아와서 상사가 자신을 너무 힘들게 해서 더는 참을 수가 없다며 한탄을 늘어놓는다. 그러면 남편은 아내의 쓰레기통이 된 것만 같다. 그때는 부부가 서로의 불만에 관해 이야기하는 것이 좋다. 하지만 한쪽이 다른 한쪽을 그저 쓰레기통으로만 써서는 안 된다. 상대의 한탄을 듣는 일이 고통이 되기 때문이다. 두 사람은 자신의 불만을 달리 처리할 수 있는 법을 찾아내야 한다. 새로운 직장을 구하는 것도 한 가지 해법이 될 수 있다. 또 다른 해법은 입장을 바꿔 보고, 자기네를 좌지우지할 힘을 남들에게 주지 않는 것이다.

영성적 차원은 여기서도 도움이 될 수 있다. 하느님께서 우리 안에 머무르시는 공간으로는 그 상사가 제멋대로 들어올 수 없다. 거기서 우리는 안전하다. 거기서 우리는 비틀리지 않으며 자신의 정체성을 지킬 수 있다. 내적 공간에서 우리는 거리를 두고 상사의 행태를 침착하게 살펴본다. 이로써 우리는 내적인 자유와 자주성을 얻는다. 이럴 때 나는 이렇게 조언하곤 한다. "극장에서 상사가 연기하는 모습을 보는 것이라고 생각해 보세요. 그렇게 출근해 보세요." 우리는 상사를 눈여겨보되 함께 연기를 해서는 안 된다. 그래야 상사가

멋대로 우리를 흔들지 못한다. 더불어 상사는 부하 직원이 자신과 함께 연기하지 않는다는 것을 알게 되면, 언젠가 그 일인극을 지켜워하기 마련이다. 그러면 분명 다른 식으로 행동할 것이다.

의무와 책임

이제는 파트너 관계의 의무에 대해 언급하면 시대의 흐름에 역행하는 것만 같다. 결혼하는 남녀의 삼분의 일이 이혼한다. 황혼 이혼이 드물었던 것도 오래전 이야기다. 이혼하는 부부의 대부분이 결혼한 지 몇 년 되지 않아서, 또는 인생 중반의 위기에 이르러 서로 갈라선다. 오늘날, 이혼하는 부부의 10퍼센트가 이미 결혼 생활을 25년 이상 지속했다. 이혼 건수는 1975년 이래 갑절로 늘었다. 25년 이상 결혼 생활을 하고도 이혼하는 경우, 관청에 이혼 서류를 내는 쪽은 삼분의 이가 아내다. 여자들은 자신이 결혼 생활 때문에 병들었다고, 자신을 실현할 수 없었다고 생각한다. 이럴 때는 어찌하면 도덕군자처럼 훈계하지 않으면서 의무와 책임에 대해 말할 수 있을까?

결혼 생활에 관한 학술 모임에서 한 개신교 목사가 예부터 내려온 성혼 선언문에서 "죽음이 두 사람을 갈라놓을 때까지"란 구절을 "두 사람이 서로 잘 지내는 동안"으로 바꾸자고 제안했는데 동료 목사들이 반대했다. 결혼의 존엄성이 제거된다는 것이 반대의 논거였다. 25년 이상을 함께 살다 이혼하는 부부도 처음에는 좋은 날이나 나쁜 날이나 서로를 사랑하겠다는 혼인 서약을 꼭 지키리라 믿었을 것이다. 오늘날 결혼하는 남녀도 파트너가 자신에게 하는 서약이 깨지지 않기를 바랄 것이다. 그러면서 자신도 파트너에게 신실하리라 확신할 것이다. 결혼에 대한 결심에는 의무를 다하리라는 의지가 내포되어 있다. 교회에서 결혼식을 올리면 두 사람은 "좋은 날이나 나쁜 날이나, 건강하거나 병약하거나" 서로에게 충실하겠다고 서약한다. 또한 "나는 살아 있는 동안 당신을 사랑하고 보살피고 존경하겠습니다"라고도 서약한다. 신랑 신부의 이러한 다짐은 참으로 소중한 것이다. 다만 중요한 것은 다짐을 끝까지 지키는 일이다.

　　나쁜 날은 분명히 닥친다. 서로의 신경을 긁는 날, 부부 관계가 위험에 빠져 공동의 토대가 전혀 안 보이는 날은 꼭 오기 마련이다. 나쁜 날이 오더라도 상대를 사랑한다는 것은 에로틱한 사랑, 그 이상의 사랑이다. 이는 곧 영성적 사랑의 표현이다. 두 사람의 길이 어떻게 갈라지든 혼인 서약은 유효하다. 두 사람이 계속 사랑하고 보살피고 존중하는 것이 중요하다. 나를 떠난 상대를 헐뜯기만 한다면 자신의 일부를 헐뜯는 꼴이다. 나는 어쨌든 한 시절을 그 사람과 함께 살았다. 대화를 나눌 때 '존중'이란, 상대의 잘못을 내 마음에서 억지로 떨쳐 내는 것도, 이혼 때문에 상대에게 받은 고통을 애써 참는 것도 아니다. 내가 한때 사랑했던 사람을 계속 존중하는 것이다. 그리고 그 사람을 내 아이의 아버지나 어머니로 존중하는 것이다. 상대가 납득할 수 없는 길, 그의 부정적인 면을 드러내는 길을 가더라도 나는 존중하는 마음을 잃지 않는다.

그 어떤 상황에서도 서로에게 신실하겠다고 결혼식에서 서약할 때 그 말은 두 사람의 진심일 것이다. 나는 이혼한 사람들을 상담하며 그 말이 마치 양심에 박힌 가시인 양 그들을 묶어 놓고 이혼 결정을 오래도록 막았다는 것을 알게 되었다. 요컨대 지금도 사람들에게는 의무와 신실에 대한 직감이 있다. 신실함은 인간의 깊디깊은 갈망에 상응한다. 신실함은 확고함에서 나온다. 신실함은 두 사람에게 발 딛고 설 수 있는 확고한 토대를 마련해 준다. 철학자 프리드리히 볼노는 신실함은 언제나 '너'에 대한 신실함이라고 말한다. 나는 이런저런 행동을 약속하는 게 아니라, '너'에게 '나'를 약속하는 것이다. 너에게 신실할 것을 다짐하는 것이다. 흔히들 말하길 우리는 신실함을 약속할 수 없고, 매 순간 새로이 결단해야 한다고 한다. 하지만 볼노는 신실함이 나를 충실한 인격으로 확립한다고 주장한다. 신실함은 내게 매 순간을 넘어서라고 일깨운다. 내가 온갖 변화를 겪더라도 신실함은 내 내면 저 깊은 곳에서 내 정체성의 본질을 이루는 불변의 것을 겨냥한다. 심리학자 라인홀트 하스캄프에 따르면 상대에게 신실함을 약속한다는 것은 "나와 상대에게 일어날 모든 변화를 무릅쓰고 한결같이 신실하겠다는 것을 의미한다. 나는 앞으로 변화하게 될 사람을 긍정한다. 미래의 어둠 속에서야 비로소 그 모습을 드러낼 어떤 것을 긍정한다." 때로는 신실함이 지켜질 수 없다 하더라도 신실의 서약은 영원을 지향한다. 언제나 변치 않는 신실함, 영원한 신실함을 약속한다. 혼인 서약에는 파트너와 함께 삶의 온갖 역경을 헤쳐 나가겠다는 각오가 담겨 있다. 많은 사람이 혼인 서약에 힘입어 갈등을 함께 극복해 나간다. 하지만 진심으로 한 서약이라도 반드시 지켜지는 것은 아님을 우리는 잘 알고 있다. 신의의 서약이 결혼의 실패를 반드시 막아 주는 것은 아니다. 그러나 그 실패에 진지함을 부여한다. 신의의 서약은 첫 역경부터 부부간의 유대가 끊어지지 않게 해 준다.

어찌하면 사랑을 단단히 결속할 수 있을까? 에리히 프롬은 명저 『사랑의 기술』에서 말한다. "사랑이 그저 감정일 뿐이라면 서로를 영원히 사랑하겠다는 서약의 토대는 없을 것이다. 감정이란 왔다가도 또 사라지는 법이다. 나의 행위가 동시에 결단이 아니라면, 감정이 언제나 그대로 있으리라는 것을 어떻게 판단할 수 있겠는가?" 프롬에게 의무와 책임은 서로 연결되어 있는 것이다. 나는 신의를 약속한 사람을, 의무를 지고 함께 살고 싶은 사람을 책임진다. 생텍쥐페리의 『어린 왕자』는 여기서 정곡을 찌른다. "우리와 친해진 것에 대해 우리는 평생 책임이 있어." 신학자 요아힘 가우크는 일찍이 책임을 '인간에게 주어진 하느님 모상성模像性의 표현'으로 해석했다. 그 밖의 피조물과 견주면, 책임이 인간을 특징짓는다는 것이다. 그러니 우리가 서로를 의식적으로 책임질 때는 거기에 영성적 특질이 있는 셈이다. 부부는 서로에 대한 책임만 지는 게 아니라, 함께 양육하는 자녀들도 책임진다. 이혼 결정을 앞두고 흔히들 부부는 개인적 행복이 자녀들에 대한 책임보다 우선하는지 스스로 되묻는다.

물론 부모가 단지 자녀들 때문에 계속 함께 살면서도 정작 아이들 앞에서는 싸움을 벌인다면, 그것이 좋을 리는 없다. 자녀들만 헷갈리게 할 뿐이다. 아이들은 부모처럼 고통을 겪는다. 어느 쪽으로 가야 할지 모른다. 부모 중 한쪽이 아이들을 제 편으로 만들어 이용할 때도 있다. 부모의 책임은 자녀들이 보는 앞에서는 싸움을 삼가는 것, 그들에게 피난처요 안식처를 마련해 주는 것이다. 부부가 헤어지더라도 이 공간은 유지해야 한다. 그렇지 않으면 자녀들은 버림받았다고, 홀로 남겨졌다고 느끼게 된다. 자신들이 아빠나 엄마에게 소중하지 않아서 함께 살지 못하는 것이라고 여기게 된다. 이것은 깊은 상처로 남기 마련이다.

　우리가 수없이 직면하는 이런저런 난관도 신실한 결혼 생활에 심각한 도전이 된다. 살면서 모든 일이 뜻대로 잘될 수는 없다. 예컨대 남편이 직장에서 좌절을 겪는다. 가족이 경제적으로 곤경에 처한다. 부부 한쪽이 병이 난다. 이러면 관계가 변화하게 된다. 또는 아이가 약에 손을 대거나, 병이 들거나, 친구들에게 나쁜 영향을 받아 문제를 일으킨다. 외부에서 오는 이 같은 도전은 가족의 더불어 삶에 물음을 던진다. 우리 삶의 집을 어떤 바탕 위에 세웠는지 살펴보게 한다. 우리 가정을 단지 원활한 역할 수행이나 피상적 조화라는 바탕 위에 세웠다면, 여러 난관에 부딪혀 우리 삶의 집은 무너질 것이다. 난관은 우리에게 영성에 대한 근본적인 답을 요구한다. 이제는 나 자신을 외적인 역할 수행에 근거하여, 가족과 함께 이루려 한 그럴듯한 세상에 근거하여 규정할 수 없다. 더 속 깊은 바탕이 필요하다. 그리고 이는 결국 하느님일 수밖에 없다. 부부 관계나 가정의 기초가 흔들리더라도, 하느님께서 우리를 떠받쳐 주신다.

　한 개인으로서의 인생살이나 타인과 더불어 사는 삶에서 부딪히는 난관은 자신과 상대의 내밀한 진실을 향해 나를 점점 더 깨뜨려 열고자 한다. 우리는 난관을 통해 서로에게 더 가까이 다가갈 수 있다. 우리는 서로에게 자신을 깨뜨려 연다. 외적 난관에 의해 깨져 열린 내 영혼의 심연을 상대가 들여다보게 한다. 거기서는 상대가 다가오지 못하도록 뒤집어쓰곤 했던 온갖 가면이 벗겨져 나간다. 난관은 우리 사이에 가로놓여 있던 모든 벽을 부숴 버린다. 난관이란 것은 우리가 서로의 진실에 조금 더 가까이 다가갈 수 있는 기회, 결국에는 서로를 조건 없이 받아들일 수 있는 기회다. 그러면 우리는 상대의 성공과 장점과 조화로운 면모만 보는 게 아니라, 조화롭지 않은 면모와 실패와 결점도 함께 보고 상대를 받아들인다. 이로써 우리는 상대에게 무엇인가 입증해야 한다는 강박에서 자유로워진다. 고통스러운 일이기는 해도, 우리는 자신에 대한 환상과 상대에 대한 환상에 작별을 고해야 한다.

관계의 위기를 극복하려 할 때, 그 영성적 도전의 본질은 위기를 계기 삼아 나 자신에게 물음을 던지는 데 있다. 우리는 위기 속에서 먼저 이렇게 자문한다. '부부 관계를 너무 일방적으로 조화로운 감정이란 토대 위에만 세워 놓은 것은 아닐까?' '하지만 사랑이란 것은 감정보다 더 깊은 것이 아닐까?' '내가 관계에 소홀했던 것일까?' '어느새 다른 일이 내게 더 소중해진 것일까?' '나 자신을, 또 상대를 너무나 무심히 대했던 것일까?' 무엇보다 위기는 내가 소홀히 해 왔던 모든 것을 이제 다시 배우라고 요구한다. 또한 성급한 판단이나 비난일랑 그만두고 곧장 되물으라고 권고한다. '어디가 잘못되

었는가?' '그 무엇에 지쳤는가?' '어디에 상처가 쌓였는가?' '그 상처는 또 어디로 내몰렸는가?'

다음 단계에서 우리는 무엇을 바꿀 수 있는지 숙고해야 한다. 그중의 하나가 행동의 구체적 변화다. 가령 서로를 위한 시간을 가진다. 더 의식적으로 상대를 돌본다. 가사를 돕겠다는 약속을 지킨다. 그럼에도 이는 외적 대처일 뿐이다. 사랑이 완전히 소진되어 그 어떤 외적 노력도 소용이 없다고 여기는 부부도 있다. 이때는 사랑을 감정과 너무 동일시하지는 않았는지 되물어야 한다. '사랑이 정말로 소진되었는가?' '강렬한 감정은 없지만, 그럼에도 상대를 사랑하는 데는 어떤 의미가 있는가?' 이제 우리에게는 뜨거운 사랑이 아닌 덤덤한 사랑만 남았다. 이것을 진정으로 애도하면, 이 평범한 사랑이라도 할 수 있음에 감사하게 된다.

사랑에는 유대·예의·신뢰·협력·존중으로 표현되는 사랑도 있다. 이러한 사랑이 부부 관계의 본질을 이뤄 내는 사랑, 내면 저 깊은 곳에서 부부를 결속하는 사랑은 아니다. 그럼에도 이 또한 사랑이다. 그리고 이 사랑도 결혼 생활을 오래도록 지켜 줄 수 있다. 물론 이 덤덤한 사랑, 이 평범한 사랑이 다시금 활기 찬 사랑으로 변화하리라는 희망을 포기해서는 안 된다. 많은 부부가 자신들의 사랑은 그저 우정과 같다고, 부부 관계에는 충분하지 않다고 말한다. 서로를 잘 이해하지만 열정과 상대에 대한 욕구가 결핍되었다고 말한다. 그런데 이렇게 말할 때는, 사랑이라면 마땅히 이러저러해야 한다는 확고한 표상이 있는 것이다. 우리는 결핍된 사랑을 진실로 애도함으로써 우정 같은 사랑이란 선물을 누릴 수 있다. 부부간의 우정으로 함께 살아가며, 서로를 보살피고 존중하고 보완하는 것으로도 이미 충분하다. 사랑이 언제나 에로틱해야만 하는 것은 아니다.

함께 성숙하기

부부치료 전문가 위르크 빌리는 '공동진화'(Koevolution)라는 개념을 만들었다. 빌리는 오랫동안 심리학을 지배해 온 흐름, 즉 인간에게 중요한 것은 오직 자기실현이란 흐름을 비판한다. 결혼 생활에서 각자 자신만 지키려 한다면, 그저 자신의 욕구 충족만 중요시될 것이다. 하지만 빌리는 주장한다. "욕구 충족에 기초한 파트너 관계는 상호 착취라는 막다른 골목에 다다를 것이다." 여기서 빌리가 내린 결론은 욕구 충족에 기초하면 생명과 사랑의 공동체가 이루어질 수 없다는 것이다. "누가 누구의 욕구를 더 충족해 주는지, 누가 누구에게 더 이용당하고 억압당하는지, 누가 누구를 위해 더 많이 포기하고 자신을 맞추는지 따위를 끊임없이 저울질하면 결국 서로 고통스럽고 비참해질 뿐이다.

그저 스스로의 실현에만 집착하는 자기에 맞서, 위르크 빌리는 스스로를 초월하는 자기를 내세운다. 여기서 빌리는 카를 구스타프 융을 인용하는데, 융에게 '자기'(Selbst)란 이미 늘 우주의 중심을, 궁극적으로 하느님을 지향하며 스스로를 초월한다. 융에 따르면 또한 자기는 언제나 이웃과 세계를 품는다. 이웃과의 관계, 세상과의 관계를 고려하지 않고 자기를 계발할 수는 없다.

이러한 관점을 빌리는 '생태학적 자기실현'이라 부르는데, 이로써 주장하는 바는 자기란, 자신을 넘어서서 타인과 함께하는 과정에 참여해야만 존재하며, 또 실현될 수 있다는 것이다. 여기서 빌리는 특히 마르틴 부버에게 의지하는데, 부버에게 자기는 타인과의 구체적인 만남 안에서 형성되며, 인간의 본모습은 '나'와 '너' 사이에 존재한다. '나'는 자기를 얻기 위해 '너'를 이용하지 않는다. 자기는 '너'를 위한 '나'의 완전한 포기와 희생에서 형성되는 게 아니라, 외려 "그 사이에서, '나'와 '너'가 발생할 수 있는 자리에서 형성된다". 빌리는 또한 루트비히 빈스방거를 인용한다. "나에게 무언가를 기대하는 '너'가 없는 곳에서 나는, 에로틱한 의미에서 이미 죽었다." 위르크 빌리는 자기 형성에 대한 이 대화적 고찰 방식이 그리스도교에 뿌리가 있다고 판단한다. 빌리는 이 방식을 자연에 대한 관찰에서 얻은 인식까지 포괄하는 생태학적 고찰 방식으로 발전시킨다. 공동진화가 의미하는 바는, 자기 발전은 타인과의 동시적인 공동 발전과 연계되어야만 가능하며, 이러한 상호작용을 통해서만 생동적으로 진행된다는 것이다. 전적인 순응은 전적인 비순응과 똑같이 치명적이라고 생물학자 크리스티네 폰 바이체커는 말한다. 우리가 자연의 법칙으로 알고 있는 이것은 관계의 발전에도 적용될 수 있다. 아내가 남편에게 완전히 순응한다면 자기 자신을 포기하는 것이다. 그때는 두 사람의 관계도 전혀 이루어질 수 없다. 관계란 두 사람 사이의 긴장을 통해 존립하기 때문이다. 그렇다고 각자가 그저 자기 자신으로만 머물려 하면, 또한 제멋대로 만들어 낸 자기상을 절대시하면 그때도 관계가 전혀 이루어지지 않는다. 각자가 고립되어 자신만 고집한다. 상대에게 자신을 딱 맞춰야 할지도 모른다는 미련한 두려움에 자신만의 요새 안에 틀어박혀 상대를 느끼거나 관계를 맺지 못한다.

위르크 빌리는 서로에 대한 육체적·정신적 체험을 추구하는 연애와, 공동의 역사를 일으키는 삶의 공동체를 구별한다. 대개 연애에는 각자의 결핍과 욕구가 각인되어 있기 마련이다. 에이브러햄 매슬로에 따르면 '사랑의 욕구'는 이를테면 일종의 '결핍의 욕구'다. "그것은 채워져야 할 구멍이고, 사랑이 쏟아부어져야 할 빈 속이다." 그러나 성숙한 사랑은 욕구만 하는 사랑이 아니다. 오직 내 욕구로부터 나온 사랑이라면 상대는 금세 소모의 대상이 될 뿐이다. 성숙한 사랑은 내 내적 공허를 채우기 위해 상대를 필요로 하는 것이 아니다. 오히려 그저 상대를 사랑할 뿐이라서 사랑하는 것이다. 나는 상대에게 매혹되었다. 나와 상대는 사랑 안에서 서로를 풍요롭게 한다.

욕구만 하는 사랑은 빈번히 관계 위기의 원인이 된다. 내 욕구가 상대에 의해 충족되지 않으면 만족하지 않게 된다. 내 기대가 실현되지 않은 까닭이다. 상대에게 내 욕구를 표현하고 서로 대화를 나누더라도 욕구와 욕구의 충족 사이에는 여전히 괴리가 있기 마련이다. 자아초월심리학 전문가 리하르트 슈티글러는 바로 이 지점에서 영성적 차원으로의 초월이 일어날 수 있다고 말한다.

여기서 우리는 자문할 수 있다. "삶에 대한 기대나 욕구가 우리 삶 자체와 그렇게 늘 동떨어져 있다면 우리는 어떻게 행복해질 수 있을까? 우리의 욕구가 충족되지 않더라도 어떤 더 심오한 것을 성취할 수 있을까?" 관계의 위기는 그 자체로 우리에게 영성적 물음을 제기한다. 위기는 우리 내면에서 "평범한 인간적 사랑이 줄 수 있는 것보다 더 깊은 확신을 향한 영성적 갈망을 깨운다. 우리의 외적인 부와 명성, 욕구 충족이 줄 수 있는 것보다 더 깊은 가치를 향한 갈망을 깨운다. 또한 자기 자신과 삶의 원천에 이르고자 하는 갈망, 피상적인 역할과 지위를 뛰어넘어 우리가 진실로 누구인지 깨닫고자 하는 갈망을 깨운다." 관계의 위기는 서로 함께 성찰하고 논의해야 한다. 그러나 상대의 욕구를 얼마만큼 채워 줄 수 있는지 따위만 합의해서는 안 된다. 그래도 욕구불만이란 빈 속은 남아 있기 마련이다. 이 빈 속을 이런저런 대체 행위로써, 가령 다른 애인을 구함으로써 메울 수는 없다. 관계의 위기는 우리가 그 공허 속으로 들어감으로써, 우리 영혼의 바탕에서 우리를 참으로 지탱해 주는 것을 느낌으로써 근본적으로 극복할 수 있다.

위르크 빌리는 이혼을 '해방 자격증'으로 여기는 세태를 지적한다. 결혼 생활을 지속하는 것을 인간의 내적 발전을 저해하는 일로 여기는 세태가 있다. 물론 그럴 수도 있다. 그러나 위기는 두 사람이 함께 성숙하는 기회가 될 수도 있다. 첫 역경에서 성급하게 이혼하면 공동 성숙은 불가능할 것이다. 공동진화는 사랑의 감정에 집착하지 않아야만, 뚜렷한 목표를 지향하는 삶의 공동체에 헌신해야만 실현될 수 있다. "관계 그 자체가 목적은 아니다. 부부는 둘만의 삶에 만족하지 않고, 둘의 관계를 제삼의 것으로, 하나의 공동 목표로 나아가게 한다." 이 공동 목표는 삶의 공동체, 자녀를 양육하는 가정, 또는 두 사람이 함께 참여하며 타인에게 축복이 되는 활동 등이다. 그런데 영성의 길도 공동 목표가 될 수 있다. 두 사람은 유한한 관계 속에서 무한한 존재에게, 곧 하느님께 스스로를 연다. 자신들의 한계로 말미암은 고통을 통해, 두 사람은 그 한계를 넘어 무한한 하느님의 영역으로 나아간다. 이로써 그들은 고통을 객관화할 뿐 아니라, 그 고통을 영성의 길에서 활용하기도 한다.

두 사람이 자신들의 관계에서 늘 행복만 기대한다면 머지않아 곧 실망하기 마련이고, 더 이상 행복을 실감하지 못하면 곧바로 갈라설 수밖에 없다고 느끼게 된다. 그러나 공동 성숙이란 목표를 지향하면 행복에 대한 집착에서 벗어난다. 두 사람이 완벽한 일치를 이루어야 성숙과 진화가 일어나는 것은 아니다. 두 사람이 서로를 완전히 이해하지는 못해도, 서로에게 온전히 상응하지는 못해도 이 긴장이 인격적 성숙을 자극하고 진정한 자기를 일깨운다. 이를 통해 두 사람은 자신들이 하느님과 하나임을, 하느님께 이해받고 있음을 깨닫는다.

자녀가 생기면 부부 관계의 구조가 동요하는데 다시금 새로운 균형을 회복해야 한다. 자녀는 더불어 사는 삶을 더욱 강화한다. 부부는 자녀를 함께 보살피며 더욱 결속한다. 하지만 이는 위기이기도 하다. 부부는 자녀에게 점점 더 몰두하느라 정작 자신들에 대해 이야기할 시간을 내지 못한다. 언제나 옆에는 자녀가 붙어 있다. 그래서 자신들의 관계를 심화할 기회가 거의 없다. 때때로 남편은 아내가 자신을 외면하는 것만 같다. 아내는 엄마 역할 속으로 완전히 사라지고, 자신이 한 남자의 아내이기도 한 것을 잊어버린다. 남편이 어떤 욕구를 표명하면, 아내는 그런 남편이 자신이 돌봐야 할 또 다른 자식처럼 느껴진다. 이것이 그녀를 힘겹게 한다.

자녀가 독립할 때도 부부 관계라는 삶의 집이 기우뚱한다. 처음에는 집이 텅 빈 기분이다. 부부는 서로가 마주하고 있음을 새삼 알게 된다. 이제는 아이들에게만 관심을 쏟거나 아이들 이야기만 하지 않아도 된다. 부부는 다시금 대화를 나누어야 한다. 이것은 부부가 더 깊은 관계를 맺을 수 있는 기회다. 하지만 이때는 부부가 서로 서먹해졌음을, 나눌 이야기가 많지 않음을 깨닫는다. 이 충격적 깨달음을 대개는 다른 새로운 활동에 몰두함으로써 모르는 체한다. 그러나 바로 이 깨달음이 두 사람이 함께 걷는 길에 대해, 내면 저 깊은 곳에서 그들을 결속하는 것에 대해 새로운 이야기를 나누는 기회가 될 수 있다.

유한성의 체험

영성은 특히 우리의 유한성을 체험하게 되었을 때 필요하다. 모든 관계에는 파편성과 취약성의 가능성이 각인되어 있다. 한 사람이 병들어도 그것을 감당하는 것은 두 사람이다. 병을 이겨 낼 수 있을지, 아니면 죽음에 이를지 아무도 모른다. 또는 한 사람이 교통사고를 심하게 당해서 치명적 결과에 이를 수 있다. 또는 한 사람이 아주 크게 다쳐 주요 장기가 기능하지 못할 수 있다. 우리는 이런 체험을 깊이 살펴봐야 한다. '더 나쁘게 될 수도 있었어. 누구에게나 언젠가 닥칠 수 있는 일이야'라고 되뇌며 이겨 내야 한다. 얼렁뚱땅 넘어간다고 도움이 되지는 않는다. 그런 마음가짐은 우리 삶의 파편성을 직시하지 않고 회피하거나 경시하는 태도다. 어떠한 경우라도 부부에게는 자신들이 맺은 관계의 유한성을 어찌 마주할 것인지 물음이 제기되기 마련이다. 둘 중 하나는 언젠가 세상을 먼저 떠날 것이다. 그러면 남은 하나는 어찌해야 하는가? 자신이 혼자라는 사실을 어찌 감당해야 하는가? 죽음이 둘을 갈라놓으리라는 사실을 어찌 직면해야 하는가?

사람들과 상담을 하다 보면 부부 중 한쪽이 병들어서 갈라섰다는 이야기를 곧잘 듣는다. 병이 든 쪽은 깊은 상처를 받는다. 건강하고 제법 그럴듯해야만 상대에게 받아들여졌다는 기분이 든다. 물론 특별한 경우도 있다. 한 남자가 이혼했는데, 아내의 정신병을 더는 견딜 수 없었기 때문이다. 막상 결혼할 때는 아내에게 그런 기질이 있다는 것을 알지 못했다. 그때는 그녀가 성격이 꽤 복잡해 보이기는 했어도, 그런 걸림돌이야 사랑으로 극복할 수 있으리라 생각했다. 그러나 그 후 아내의 정신병적 기질은 심한 정신분열증으로 그 정체를 드러냈다. 아내는 비이성적 세상에서 살았는데, 거기에는 남편과 남편이 처한 현실을 위한 자리는 없었다. 이 같은 실제 사례에서 그 남편이 자신을 건강하게 지키고자 아내와 이혼했다고 해서 우리가 비난할 수는 없다. 그럼에도 암에 걸렸다는 사실을 알게 되자마자 갈라섰다면, 아내에게 이는 지독한 모욕이자 고통이다. 성적 욕구를 채워 줄 동안에나 사랑받고 병이 들자 곧 버림받게 되었다는 느낌을 받는다.

이러한 상황은 일종의 영성적 도전이다. 한쪽이 암에 걸렸지만, 그로써 양쪽 다 새롭게 성숙한 사례를 나는 알고 있다. 부부는 무의미한 소리를 주고받는 일을 그만두었다. 그들은 하루하루가 선물임을 깨달았다. 상대의 신비를 점점 더 깊이 이해했다. 그들의 사랑은 병을 통해 성숙했다. 그 후 아내가 암으로 사망할 무렵, 그들은 사랑이 죽음보다 강하다고 느꼈다. 가브리엘 마르셀의 말이 진실임을 체험했다. "사랑은 바로 상대에게 '당신은, 당신은 죽지 않을 거야'라고 말하는 것이다." 아내의 투병 생활 중에 남편은 그녀가 건강했던 시절에는 전혀 알지 못했던 사랑을 체험했다. 두 사람은 마음 깊은 곳에서 아주 가까워졌고, 그래서 죽음도 그들을 갈라놓지 못했다. 아내는 그녀의 사랑과 함께 남편의 마음에 여전히 살아 있는 것이다.

그리스도교 영성의 한 가지 본질적 측면은 죽음을 깨어 있는 마음으로 직면하는 것이다. 그리스도교에는 '죽음의 기술'(ars moriendi)이란 것이 있는데, 죽음을 연습하여 그것과 친해지는 것이다. 인간의 유한성은 부인할 수 없는 사실이다. 이를 연습하여 이와 친해지는 것은 우리가 죽을 수 있음을 매일 명료히 의식하는 일이다. 성 베네딕도는 수도 형제들에게 날마다 죽음을 마음에 새기라고 권고했다. 이러한 연습은 우선 우리가 조금 더 깨어 있는 마음으로 살아가게 해 준다. 두 사람이 함께 죽음을 의식하면 그들의 사랑을 심화하고 관계를 발전시킬 수 있다. 두 사람은 그들이 함께 걷는 길의 유한성을 잘 알고 있다. 이런 앎은 두려움을 일으킬 수 있다. 하지만 함께하는 나날을 깨어 있는 마음으로 한껏 누리라는 권고나 권유일 수도 있다. 또한 죽음을 성찰하라는 요구, 그들의 신앙이 얼마나 단단한지 얼마나 폭넓은지 돌아보라는 요구일 수도 있다.

부활은 우리가 하느님 사랑에서 떨어져 나갈 수 없음을 의미한다. 하지만 동시에 죽음에도 불구하고 우리가 상대의 사랑에서 떨어져 나갈 수 없음도 의미한다. 사랑은 죽음보다 강하다. 사랑에는 이미 죽음의 극복이 내포되어 있다. 이것을 깨달으면 두 사람의 유한성과 파편성 안에 어떤 파괴되지 않는 것이 있음을, 그들의 사랑 안에 죽음보다 오래 인내하는 것이 있음을 체험하게 된다. 이처럼 죽음에 대한 성찰은 사랑을 더 강해지게 한다. 또 사랑의 참된 신비를 깨닫게 한다. 두 사람이 일으키는 공동의 역사歷史는 죽음으로 끝나지 않는다. 그 역사는 죽음 안에서 완결되며 또 죽음을 넘어선다. 그 역사는 자녀들과 자녀들의 자녀들에게, 그리고 그들이 삶의 길에서 만나는 모든 사람에게 작용한다.

서로에 대한 알아차림과 관계 작업

오늘날 '알아차림'(Achtsamkeit)은 영성의 중심 개념 가운데 하나가 되었다. 불교 승려 틱낫한은 행복과 만족을 체험하기 위한 일상적 수행으로 알아차림을 권유한다. 그런데 그리스도교 전통에도 같은 개념이 있다. 성 베네딕도는 수도 형제들에게 기구나 물건을 주의 깊게 다루라고, 또한 혀와 말에 주의하라고, 특히 사람을 대할 때 조심하라고 촉구했다. 수도원 재정 담당은 늘 자신의 영혼에, 영혼의 미세한 충동에, 자신의 기분과 감정에, 특정한 작업이나 사람에 대한 내적 반감에 주의해야 한다고 했다. 이는 파트너 관계에도 적용할 수 있다. 알아차림은 결혼 생활이란 공동의 수련 여정에서도 중요한 태도다.

알아차림은 일상사에서 시작된다. 좋은 관계를 맺으려면 일상의 일들을 깨어 있는 마음으로 해 나가야 한다. 이는 가사家事를 유기적으로 조직하는 데서 비롯되는데, 가령 다른 사람이 괜히 기다리지 않도록 저녁 식사 시간을 지키는 것이다. 시간 엄수, 질서 준수, 신뢰성, 명확성, 청결성 같은 일상의 미덕이 진부하게 보일지도 모른다. 하지만 바로 거기서 두 사람의 사랑이 구체적으로 드러나는 것이다. 한 사람이 진실로 영성적인 것인지, 아니면 그저 일상의 혼란을 피해 영성으로 도피하는 것인지를 두고 베네딕도회 수도자들은 일상에서 마주하는 현실을 어찌 대하는지로 판단한다. 영성 상담을 하다 보면 이런 일을 접한다. 가령 아내가 영성의 길을 걷고 있다. 그런데 일상의 과제는 소홀히 한다. 또는 남편이 매일 묵상을 한다. 하지만 집안일은 기피한다. 남편이 말하기를 하루 일이 끝나면 필히 묵상을 해야, 다시 자신을 온전히 회복한다는 것이었다. 건강한 영성은 일상과 일상의 과제를 진지하게 받아들이는 데서 드러난다. 또 거기서 상대에 대한 나의 헌신도 구체적으로 드러난다.

늘 자신의 영혼을 보살펴야 한다는 말을 성 베네딕도는 수도원 재정 담당에게 했지만, 이 말은 부부에게도 유효하다. 부부가 자신들의 감정을 보살펴야 한다는 의미다. 부부는 이렇게 자문할 수 있다. '불만이란 것이 언제 어디로 내 마음에 숨어드는가?' '언제 나는 마음의 문을 닫는가?' '언제 나는 낙담한 기분을 애써 누르는가?' '어느 때 나는 상대의 말이나 행동에 욱하는가?' 이 같은 감정은 모든 부부가 다 느낄 수 있는 것들이다. 다만 성찰이 필요할 뿐이다. 마음을 지혜롭게 다스렸던 옛 수도승들은 이렇게 말했다. "내 안에서 불현듯 떠오르는 감정에 대해 나는 책임이 없다. 하지만 그 감정을 어찌 다루는가는 내 책임이다." 예컨대 불만이란 감정을 성찰하며, 내가 왜 불만을 느끼는지 되묻는다. '상대에게 무엇인가 다른 것을 기대했는가?' '나의 기대가 현실적인 것인가?' '아니면 환상을 좇고 있는가?' '지금 이 불만은 파트너를 있는 그대로 받아들이라는 권고인가?' '아니면 파트너를 비난하지 않으면서 내 감정을 털어놓고, 어찌하면 둘의 관계를 더 강하게 만들 수 있을지 대화를 나누며 숙고하라는 기회인가?'

낙담한 기분을 너무 오래 억누르면 내면의 분노가 된다. 이것을 깨어 있는 마음으로 살펴보면 나의 상처받기 쉬운 마음과 아픈 구석을 깨닫게 되는데, 그것과 화해해야 한다. 그리고 나아가 상대의 이런저런 말과 행동에 감정이 상했다고 표현할 수 있다. 이것은 비난이 아니라, 사실을 알려 주는 것이다. 그러면 내가 너무 예민한 것인지, 상대가 내게 계속 상처를 줄 것인지, 내가 먼저 상처를 줘서 앙갚음하는 것인지 서로 이야기할 수 있다. 알아차림의 태도로 감정을 대하면 더 적극적으로, 더 개방적으로 소통할 수 있다. 그러나 절대적 개방이란 존재하지 않는다는 원칙이 여기서도 통용된다. 성 베네딕도가 모든 덕의 어머니라 부른 '식별'(discretio)의 은사가 필요하다. 언제 어디서 상대에게 내 감정을 털어놓고, 언제 어디서 내 감정을 혼자서 삭여야 하는지 알아채야 한다.

알아차림은 또한 관심과 존중으로 상대를 대하는 것을 의미한다. 많은 여성이 나와 상담하기를 자신이 어떤 상태인지 남편은 도무지 알아채지 못한다는 것이었다. 남편은 무엇을 묻는 일도 없고 그저 자기 일에만 빠져 산다. 아내는 남편이 자신에게 관심이 없다고 느끼게 된다. 하지만 대개는 아내도 지금 무슨 일에 몰두하고 있는지 남편에게 묻지 않는다. 실은 아내도 남편에 대해, 남편의 영혼에서 지금 일어나고 있는 일에 대해 관심을 기울일 수 있다. 또한 남편이 어떤 상태인지 물어볼 수 있다. 그래서 남편이 자신은 아무렇지 않다고, 뭐가 문제인지 전혀 몰랐다고 말한다면 아내는 자신의 기분을 알려 줄 수 있다. 더불어 남편의 잘못도 알려 줄 수 있는데, 이는 잘못을 까발리려는 것이 아니다. 애정 어린 마음으로 남편을 도와 자신의 진실을 직시하고 자신의 영혼에 더 주의하려는 것이다.

흔히들 우리는 자신에게 너무 몰두해서, 상대와 상대의 감정에는 전혀 신경 쓰지 않는다. 그러다 어느 날 문득 상대가 이렇게 말하면 깜짝 놀라게 된다. "당신은 나를 조금도 사랑하지 않는 것 같아. 나를 꼭 무시하는 것 같아. 혼자 방치되고 모욕받는 기분이야." 내 영혼에 대한 알아차림과 상대 영혼의 작은 움직임에 대한 알아차림은 일상에서의 '관계 작업'의 본질적 요소다.

'관계 작업'(Beziehungsarbeit)이란 말에 부정적인 인상을 받는 사람이 많다. 너무 수고롭게 여겨진다는 것이다. 배우 비르기트 미니히마이어는 언젠가 한 인터뷰에서 이에 관한 질문을 받고 이렇게 답했다. 관계 작업이라는 말이 "내게는 별로 이상하지 않아요. 나는 작업이란 것을 전혀 부정적으로 여기지 않아요. 그 때문이겠지요. 왜 사랑을 위해 작업해서는 안 되나요? 사랑을 위해 하지 않는다면, 그럼 무엇을 위해 해야 하나요?"

관계 작업의 본질은 무엇보다 알아차림이란 영성적 방식에 있다. 그러나 구체적인 연습 방식도 도움이 될 수 있다. 한스 옐루셰크는 이 연습 방식에 대해 몇 가지 구체적인 조언을 한다. 그 조언은 일단 심리치료 영역에만 국한되는 것처럼 보여도, 관계 작업은 매일같이 실천해야 한다는 점에서 실은 그 자체로 일종의 영성적 과제다. 관계 작업을 회피하는 사람이 많은데, 그들은 오히려 상대에게 이런저런 요구를 한다. 상대에게 어떻게 처신해야 하는지 지적한다. 상대가 약속한 바를 지키지 않는다며 비난한다. 하지만 정작 자신들은 대화의 자명하고 합당한 규칙을 지키려는 태도나 자신들의 관계를 위해 구체적으로 애써 보려는 태도가 되어 있지 않다. 여기서는 옐루셰크가 부부에게 내준 연습 과제 중에서 두 가지만 짚어 보겠는데 자기실현, 자기헌신과 관련되어 있는 것들이다.

한 가지 연습 과제는 '주인 되기'라는 의식儀式으로, 부부가 다음과 같은 역할을 충실히 수행하는 것이다. 일주일에 한 번 한쪽이 다른 한쪽을 대화에 초대한다. 초대하는 사람은 주인으로서 손님인 상대에게 자기 세계를 보여 주고, 또 자기 자신에 관해 이야기한다. 손님은 그저 귀 기울여 들을 뿐이다. 질문을 던질 수는 있어도, 주인이 말하는 것을 문제 삼거나 평가해서는 안 된다. 다음 주에는 반대로 역할을 바꾼다. 이런 식으로 두 사람은 지금 상대의 마음을 움직이고 있는 것을 인식하게 된다. 서로의 삶에 참여하게 된다. 그리고 상대는 나와 '다르다'는 사실에 유의하게 된다.

다른 한 가지 연습 과제는 이렇다. 일주일에 한 번 아주 즐거운 일을 서로가 주도해 본다. 영화관에 가거나 맛있는 것을 먹으러 간다. 여기에 상대는 군말 없이 따르기로 한다. 주도한 쪽이 제안한 일을 그냥 함께해 본다. 이런 구체적인 과제를 통해 우리는 헌신이란 영성적 태도를 연습하고 체득한다. 헌신을 요구하는 대신 스스로 수련한다. 이것은 근본적으로 일종의 영성 수련이다. 그렇게 우리는 욕구의 강압으로부터 벗어나는 법을 연습한다. 상대에게 구체적인 행동으로 헌신하며, 또한 나 자신을 아주 새롭게 체험한다. 그 노련한 심리치료 전문가는 확언한다. "그리함으로써 많은 부부가 본질적 체험, 새로운 체험을 한다. 나는 나 자신을 잃는 게 아니라, 오히려 얻는다."

관계가 아주 꼬여 버렸다고 한탄하는 부부가 많다. 하지만 대개는 관계를 위해 무엇인가 중요한 것을 기꺼이 해 보려는 마음이 없다. 관계가 잘 맺어지기 위해서는 관계 작업과 연습 과정이 필요하다. 이때 도움이 되는 것이 바로 구체적 의식이다. 구체적 의식은 관계를 생기 있게 해 주는 중요한 수단이다. 여기서 창의력을 발휘하는 부부도 적지 않다. 그들은 구체적 의식을 직접 고안하여, 두 사람의 관계를 위한 시간을 확보하고, 이에 대한 주요 주제를 함께 숙고한다. 이러한 의식을 통해 두 사람은 관계를 깊어지게 하는 행위로 나아간다. 이 같은 의식이 너무나 피상적이라고 말하는 이들도 많다. 하지만 실제로 의식은 다른 데서는 전혀 표현하지 못한 감정을 표현하는 자리다. 의식은 관계를 더 깊어지게 하고 정체성을 세워 준다. 또한 두 사람에게 다음과 같은 감정이 들게 해 준다. '우리는 우리 자신의 삶을 살고 있다. 우리의 삶은 우리가 만들어 간다. 우리는 우리 삶을 기뻐한다.'

관계와 영성: 네 가지 연습 방법

현대인의 관계 상실에 대한 비가悲歌가 계속해서 불리지는 않을 것이다. 중요한 것은 관계 능력을 습득할 수 있게 도와주는 일이다. 다시금 강조하지만 관계 능력의 속성 비법은 없다. 도덕군자식의 훈계로는 좋은 관계가 형성되지 못한다. 다만 필요한 것은 성실한 연습 과정이다. 이 연습은 나 자신과의 관계에서 시작하여, 사물들과의 관계와 하느님과의 관계를 거쳐, 결국에는 파트너와의 관계에 도달한다.

　　나 자신과 관계를 잘 맺어야만 타인과도 관계를 잘 맺을 수 있다. 그때는 나 자신에게조차 숨겨 왔던 부분을 상대가 눈치채지는 않을까 하는 두려움에 더는 시달리지 않게 된다. 내 육신과 내 영혼의 집에 내 발로 들어가면 상대가 그 집에 들어오는 것도 허용할 수 있다. 나는 내 안에 있는 모든 것을 상대에게 보여 줄 수 있다. 내 생명의 집이 지금 이 모습이 되도록 허용한 것이, 바로 나 자신이기 때문이다. 나 자신과 관계를 잘 맺으면 상대가 내게 다가와도 불안하지 않게 된다. 나 자신과 가까워짐으로써 상대의 다가옴을 받아들일 뿐 아니라, 기쁜 마음으로 즐길 수도 있다. 내가 나 자신의 친구가 됨으로써 상대와도 친구가 될 수 있다. 나는 상대와의 관계를 통해 나 자신과 내 인생을 더 풍요롭게 체험한다. 그렇다고 상대를 지나치게 파고들거나 낱낱이 살펴보는 것은 아니다. 나와는 아주 다른 한 사람의 신비를 알아채는 것이다. 상대와의 관계는 그를 평가하지 않고 그저 받아들일 때만 가능하다. 이것이 나에 대한 두려움을 상대에게서 덜어 준다. 두려움이 있는 곳에 참된 사랑은 없다.

나는 지금부터 권유할 연습법을 영성의 차원으로 한정할 것이다. 한스 옐루셰크 같은 부부치료 전문가들은 부부가 더 깊은 관계를 맺을 수 있는 공동의 연습법을 제안한다. 이런 구체적인 연습법은 다분히 심리학적이지만, 한편 영성 수련의 일부일 수도 있다. 영성은 우리의 아주 구체적인 일상에 스며들어 변화를 일으키려 하기 때문이다. 언제나 영성은 구체적인 의식儀式을 한계를 넘어서려 한다. (의도적으로 종교적이든 아니든) 모든 의식은 우리와 우리 삶을 변화시키려 하며, 또한 우리가 하는 일이 하느님의 축복을 받게 하려 한다. 모든 의식과 연습이 독자의 마음에 들지는 않을 것이다. 그럼에도 내 마음이 움직이는 것을 연습하고, 눈길이 가는 것을 시도해 본다면 그로써 충분하다.

| 자기 자신 느끼기 |

호흡 연습

내 호흡을 느껴 보고, 또 호흡을 통해 내 몸도 느껴 본다. 호흡이 온몸에 흘러들게 하고, 그 호흡을 통해 내 몸을 탐색한다. 내 몸 모든 곳에 머물러 보고, 내 안에 있는 모든 것과 관계를 맺어 본다. 호흡이 발가락과 손가락 끝까지 흘러간다. 호흡으로써 온몸을 다정히 어루만져 본다. 이것이 잘되면 내가 나 자신과 하나임을 느끼게 된다. 나는 내 몸 안에 살고 있고, 내 몸과 관계 맺고 있다.

손 연습

두 손을 모으고 한 손으로 다른 손을 느껴 본다. 손바닥 사이에서 일어나는 온기를 알아챈다. 두 손을 천천히 떼며, 한 손이 다른 손을 잡으려 하는 것을 느껴 본다. 다시 손바닥을 가까이 댄다. 그러면 두 손바닥이 서로 끌어당기는 것을 느낄 수 있다. 손바닥을 다시 모으며 두 손의 만남을 느껴 본다. 온기와 사랑과 생명이 한 손에서 다른 한 손으로 흘러간다. 내 안에서 무엇인가 흐르고 있다. 나 자신을 느껴 본다. 나는 나 자신과 관계를 맺고 있다.

마음 연습

가슴에 한 손을 대고 마음속에 떠오르는 갈망을 느껴 본다. 그 갈망과 내 안에 있는 다른 감정 속으로, 나를 자각하며 들어가 본다. 갈망이 나를 내 영혼의 심연으로, 내 영혼의 바탕으로 이끌어 간다. 거기서 내 안의 그윽한 평화·활력·자유를 깨닫는다. 평가하기를 멈추면 나를 느낄 수 있다. 아무것도 평가하지 않는다. 다만 주의 깊게 인식한다. 내 안에 떠오르는 모든 것에 대해 그냥 그대로 있어도 된다고 진심으로 허락한다. 그렇게 내 안에 있는 모든 것과 관계를 맺는다. 그리고 이러한 관계 안에서 내가 살아 있음을 체험한다. 생명이 내 안에 흐르고 있다.

| 사물들과의 관계 |

감각이 나를 사물들과 관계 맺게 한다.

한 송이 꽃을 바라본다. 아름다운 꽃을 내 눈에 담고, 그 신비 속으로 나를 느끼며 들어간다. 꽃의 향기를 맡는다. 향기를 느껴 본다. 꽃을 다정히 쓰다듬어 본다. 그렇게 꽃과 관계를 맺는다. 또는 한 그루 나무를 매만지며 그 속에 들어 있는 힘을 느껴 본다. 또는 돌 하나를 손에 들어 눈을 감고 손가락으로 느껴 본다.

사물들과의 관계 맺기를 시작하기 위해서는 평온함과 예민함이 필요하다. 그러면 일상에서도 관계 맺기를 연습할 수 있다. 전화기를 들 때도 분명히 의식하며 든다. 글을 쓸 때도 펜을 주의 깊게 잡아 본다. 또는 컴퓨터로 글을 쓸 때도 키보드를 예민하게 느껴 본다. 손에 들고 읽는 책도 주의 깊게 대한다. 똑같이 지갑도 그리 대한다. 아침부터 저녁까지 손에 쥐게 되는 모든 물건을 그렇게 대해 본다.

나 자신에게 알아차림을 강요할 수는 없다. 나는 연습을 통해 사물들을 더 선명하게 체험할 수 있다. 이 유익한 연습을 통해 나는 사물들과 접촉하고, 또 나 자신과 접촉한다. 나는 나 자신과 사물들을 점점 더 강렬하게 체험한다. 사물들과의 관계는 내가 평소에 눈여겨보지 않았던 나의 여러 면모를 자각하게 한다.

| 하느님과의 관계 |

하느님의 현존 안에서

하느님과의 관계를 쉽사리 배울 수는 없다. 그래도 그 관계를 연습하는 방법은 있다. 교회 전통에는 하느님의 현존 안에서 살아가는 연습과 수련이 있다. 하느님께서 지금 여기에 계시다는 것을, 그분의 현존이 나를 감싸 안는다는 것을 끊임없이 의식하는 것이다. 나는 하느님 앞에서 일을 한다. 그분 앞에서 산책한다. 앉아 있을 때나 묵상할 때나 나는 하느님 앞에 있다. 한 선교사가 내게 말하기를 매일 정해진 시간에 드리는 기도인 성무일도 때 하느님을 전혀 느끼지 못했고, 그래서 기도가 그저 무거운 짐이었는데, 이제는 성무일도를 그윽하고 생기 있게 바친다고 했다.

그는 어릴 적 한 장면을 떠올렸다. 엄마가 주방에서 일하면 그는 그 곁에서 놀았다. 엄마가 곁에 있다는 사실 자체로 아이는 안전하고 편안하게 놀 수 있었다. 그 장면을 그는 성무일도에 유용하게 적용했다. 그는 성무일도의 시편 기도를 바로 지금 하느님 앞에서 바친다고 상상했다. 비록 하느님께서 당장 눈앞에 보이지는 않더라도, 그 옛날 엄마가 내 곁에 있었듯 그분도 여기에 계신다. 하느님 앞에서 기도를 바치며 실존하고 있다는 그 느낌이 선교사의 성무일도를 달라지게 했다. 그렇다고 하느님과의 관계를 늘 생생히 느껴야만 하는 것은 아니다. 하느님께서 현존하신다는 생각과 믿음 그 자체가 (비록 생생한 감정은 부족할지라도) 그분과의 관계 안에 내가 지금 머무르고, 또 앞으로도 머무르게 도와준다.

갈망의 말씀

나 개인적으로는, 시편 기도를 바칠 때 그 말씀을 내가 직접 하느님께 드린다고 상상하는 것이 도움이 된다. 말씀에 대해 곰곰이 궁리하기보다, 내가 그분께 드리는 말씀과 함께 나도 그분께 향해 있다고 생각해 본다. 이처럼 말씀을 통해, 자기 자신과 영적 감정과 내적 공허에 집착하는 나에게서 벗어나서 그분께로 이끌린다. 내 영혼이 하느님을 향하는 것이다. 성 아우구스티누스는 우리가 말씀에 대해 곰곰이 궁리해서는 안 된다고, 기도의 말씀은 하느님을 향한 우리의 갈망을 북돋우려 한다고 말했다. 말씀을 입 밖에 내서 노래함으로써 나는 하느님을 향한 내 갈망과 접촉한다. 그리고 이 갈망 안에서 나는 하느님과 결부되어 있다.

몸짓

하느님과의 관계를 느끼는 또 다른 방법은 몸짓을 동원하는 것이다. 두 손을 사발 모양으로 만든다. 이 몸짓을 통해 나는 하느님과 결부된다. 빈손이 하느님에 의해 가득 채워지기를 강렬히 바란다. 빈손에 내 갈망을 담아 하느님께 내어 드린다. 두 손을 들어 축복할 때는 하느님의 축복이 내 손을 통해 사람들에게 흘러간다고 상상한다. 이처럼 몸짓을 통해서도 나는 하느님과, 또 사람들과 결부되어 있다. 두 손을 통해 나에 대한 집착에서 벗어나서 하느님과의 관계로 옮겨 간다. 두 손을 깍지 끼는 몸짓을 통해 나는 하느님께로 향한다. 내 정신을 하느님께로 들어 올리기 위해 깍지 낀 두 손을 드높인다. 두 손을 깍지 낄 때면, 또한 나 자신을 강렬하게 체험한다. 두 손의 온기를 느끼며 나를 느낀다. 하느님 앞에 무릎 꿇을 때면 하느님과의 관계를 달리 체험한다. 높으신 그분을 어렴풋이나마 예감한다. 내 자아로부터 벗어나서 하느님을 하느님이시게끔 해 드리려 애쓴다. 하느님 앞에 엎드릴 때 내 몸과 땅의 관계를 느낄 뿐 아니라, 나를 떠받쳐 주시며 나를 당신 안에서 편히 쉬게 하시는 그분과의 관계도 느낀다. 나는 몸짓에 따라 하느님과의 관계를 달리 체험한다. 그 다양한 몸짓을 통해 하느님과의 관계가 생생해진다.

사랑의 숨

호흡도 하느님과의 관계를 느끼는 중요한 방법이다. 일찍이 페르시아의 수피Sufi 시인 루미는 호흡을 하느님 사랑의 향내라고 말했다. 이 같은 표상은 호흡 속에서 하느님 사랑을 체험하는 데 도움이 된다. 나는 호흡을 통해 그분 사랑이 내 안에 흘러들고 내 육체와 영혼 곳곳에 스민다고 상상한다. 호흡을 의식함으로써 하느님과의 관계를 생생하게 느끼게 된다. 하느님 사랑은 내 안에 흘러들 수 있다. 호흡 속에서 체험될 수 있다. 오늘 하루 하느님과의 관계를 느껴 보지 못했다면, 숨을 의식적으로 들이쉬고 내쉬며 지금 이 호흡으로 그분 사랑이 내 안에 들어온다고 상상하는 것이 도움이 된다. 이 상상을 통해 하느님과의 관계를 다시금 느낄 수 있으며, 또한 나 자신도 다정하게 느낄 수 있다. 과연 나의 온몸은 하느님 사랑의 향내로 가득 채워져 있다.

| 배우자와의 관계 |

아침의 축복 의식

하루를 시작하는 아름다운 의식들 가운데 하나가 아침의 축복 의식이다. 나는 손을 들어 축복하며, 그 축복이 아내와 아이들에게 흘러간다고 상상한다. 축복이 우리 집에 두루 스며든다고 상상한다. 그러면 하루를 평소와는 달리 시작하고 우리 집을 달리 체험하게 된다. 한 부인이 털어놓기를, 전날 저녁에 대화가 엉망이 되면 아침에 거실로 들어설 때 그 나쁜 분위기가 아직도 집 안에 스며 있음을 느낀다고 했다. 하지만 그날 아침에 하느님의 축복을 집 안에 들이면 기쁨의 공간에 들어서게 된다. 축복 의식은 분위기를 바꿔 놓는다. 축복 의식은 직장 일이나 이런저런 책무로 파트너와 멀리 떨어지게 될 때 상대와의 관계를 계속해서 느끼는 데도 도움이 된다. 가족과 멀리 떨어져 일하던 한 남자가 내게 말하기를, 자신에게는 아침의 축복 의식이 아내와 아이들과의 결속을 강하게 느끼는 확실한 기회라고 했다. 그 남자는 손을 높이 들어 축복하며 하느님의 축복이, 또한 자신의 사랑과 보호가 자기 손을 통해 아내와 아이들에게 흘러가는 것을 마음에 그린다.

배우자를 마음속에서 느끼기

나는 '예수기도'를 즐겨 바치며 묵상한다. 두 손을 가슴 가운데 대고 숨을 들이쉬며 나직하게 "주 예수 그리스도"라고 말하고, 또 내쉬며 "하느님의 아드님, 저를 불쌍히 여기소서!"라고 말한다. 이 묵상법을 활용하면 애인과의 내적 결속을 느낄 수 있다. 그때는 이렇게 말한다. "그 사람을 불쌍히 여기소서!" 그러면 그 사람을 마음으로 느끼게 된다.

이것은 배우자 관계에서도 좋은 묵상법이 될 수 있다. 다정하고 자비로운 예수의 사랑이 상대에게 흘러간다고 상상한다. 내 마음속에는 예수와 예수의 사랑만이 있는 것이 아니라, 상대도 내 안에 살고 있다고 상상한다. 그러면 상대와의 내적 결속이 생겨난다. 나는 크나큰 사랑 안에서 상대와 연결되어 있음을 깨닫는다. 이것은 인간이 되신 하느님의 사랑, 내가 예수 안에서 구체적으로 만나는 사랑이다. 이것은 상대에 대한 내 감정이 비록 점점 더 식어 가더라도 결코 바닥나지는 않는 사랑이다. 그때 나는 상대에 대한 사랑을 마음 저 깊은 곳에서 느낀다.

배우자를 묵상하고 배우자를 위해 기도하기
하느님께 나를 열고 나 자신의 중심에 이르는 것만이 묵상은 아니다. 나는 배우자를 묵상할 수도 있다. 고요히 앉아 상대에게로 묵상해 들어간다. 무엇이 상대를 깊은 곳에서부터 움직이는지, 상대가 갈망하는 것은 무엇인지, 상대를 괴롭히는 것은 또 무엇인지, 지금 상대는 어떤 상태인지 묵상한다. 상대의 표정과 말투를 떠올리고, 그로써 상대가 무엇을 드러내려 했는지 헤아린다.

그런 다음 그 모든 외면을 뚫고 들어가서 상대의 본바탕을, 유일함과 고유함을 묵상한다. 상대의 본질을 이루는 것은 무엇인가? 하느님께서 본디 상대에게 뜻하신 본원적 모습, 순결한 모습은 무엇인가? 나는 상대에게로 묵상해 들어가며 내적으로 서로 결속되어 있음을 알아챈다. 그리고 상대를 위해 기도한다. 하지만 기도 중에 상대에 대한 내 바람을 바치는 것은 아니다. 내 바람은 내려놓는다. 오히려 하느님께 내맡긴다. 그분 뜻대로 상대 안에 무엇인가 일어나게 한다. 다만 나는 기도할 뿐이다. "주님, 그이를 축복하소서!" 하느님께서 지금 이 순간 필요한 것을 상대에게 모두 주시기를, 상대의 마음에 평화를 주시고 상대의 깊디깊은 갈망을 채워 주시기를 바랄 뿐이다.

함께 '주님의 기도' 바치기

함께 기도를 바치는 부부가 많다. 상당수 부부가 무엇보다 개인적인 기도가 자신들을 결속한다고 생각한다. 한 부부가 개인적인 내용으로 함께 기도를 드린다면 그것은 좋은 일이다. 하지만 그 부부는 개인적인 기도가 아무래도 진부한 말이 되는 것을 곧잘 느낀다. 그때는 아침저녁으로 함께 소리 내어 '주님의 기도'를 바치는 것이 좋은 의식이 된다.

여기서 권할 만한 것으로는 서로 다른 두 가지 방식이 있다. 한 가지는 우리의 상황을 배경으로 '주님의 기도'를 바치는 것이다. 그러면 기도문이 새로운 의미를 얻는다. 우리 모두의 아버지이자 어머니이신 하느님께서 우리를 지탱해 주심을 느낀다. 더불어 사는 삶에서 우리에게 중요한 것은 그분의 영광이 거룩히 빛나는 것, 그분의 나라가 오는 것이다. 또한 우리가 탐욕에 지배되는 것이 아니라, 그분 사랑이 우리 삶에서 발현되는 것이다. 변덕스러운 나의 뜻이 아니라, 하느님의 뜻이 이루어져야 한다. 그분의 뜻이 우리의 구원이 되어야 한다. 우리는 경제적으로도 삶의 주인이 되도록 하느님께 안정을 청한다. 그리고 용서를 청하며 가슴속으로 죄스러운 모든 것을 그분 앞에 내어 놓는다. 우리 자신뿐 아니라 다른 사람까지도 판단하거나 단죄하지 않고, 우리 삶을 그분의 자비로운 사랑에 내어 드린다. 나아가 우리의 사랑을 보살펴 달라고, 위험에서 보호해 달라고 청한다. '주님의 기도'를 이렇게 바치면 두 사람의 삶이 하느님의 은총 아래 있음을 굳게 믿고 확신하게 된다.

'주님의 기도'를 바치는 방법에는 또 한 가지가 있다. 기도문을 아주 천천히 외며 우리의 부모와 조부모와 증조부모가 같은 기도를 바쳤음을, 그로써 당신네 삶의 주인이 되었음을 마음에 그려 본다. 그리고 우리가 신앙인으로서 기도문을 외는 동안, 우리 조상들도 천국에서 지복직관至福直觀의 존재로서 같은 기도문을 함께 외는 모습을 그려 본다. 그러면 우리는 조상들과 연결되어 있음을 느낀다. 우리 두 사람의 삶이 더 깊이 뿌리내린다. 우리는 두 사람의 사랑만이 아니라, 조상들의 믿음과 희망으로도 지탱된다.

서로 축복하기

많은 부부가 아침에 식사를 하기 전에, 또 저녁에 자러 가기 전에 서로 입맞춤하는 것을 착실한 의식으로 만들었다. 직장으로 일하러 갈 때도 입맞춤으로 헤어지고, 집에 돌아올 때도 입맞춤으로 맞이한다. 이런 입맞춤은 서로의 사랑을 날마다 표현하는 아름다운 의식이다. 또 다른 의식으로는 헤어질 때 이마에 십자성호를 그어 주며 상대와 상대의 일을 축복하는 것이 있다.

그리고 생일이나 영명축일, 결혼기념일 같은 특별한 날에 상대에게 개인적으로 축복의 말을 해 주는 것도 아름다운 의식이다. 나는 두 손을 상대의 머리에 올리고 성령이 그 안에 흘러드는 것을 상상한다. 그런 다음 이 몸짓을 개인적인 축복의 말과 연결 짓는다. 하느님의 은총이 상대와 함께하기를, 상대가 늘 하느님의 축복 아래에서 보호받고 있음을 알기를 축원한다. 상대의 손으로 하는 모든 일이 축복이 되기를 하느님께 청한다. 상대가 나에게 축복임을 그분께 감사드린다. 우리의 사랑이 많은 사람에게 축복이 되기를, 우리와 우리 자녀에게 그리고 소중한 모든 사람에게 축복이 되기를 청한다. 끝으로 이렇게 축복을 마친다. "자비로운 사랑의 하느님께서, 성부와 성자와 성령께서 그대를 축복하시기를!" 이때 내 두 손은 상대의 머리에 올린 채 그대로 둔다. 오른손 엄지손가락으로 상대의 이마에 십자성호를 긋고 조금 더 머문다. 이 몸짓을 통해 내 축복이 상대의 사고와 감정 속에 깊이 닿으리라는 바람을, 내 축복이 상대를 그 자신의 중심으로, 그 자신의 본원적인 모습으로 이끄리라는 바람을 표현한다.

배우자에게 편지 쓰기

배우자 관계를 시작할 때 우리는 상대에게 사랑을 표현하는 편지를 자주 써 보내곤 한다. 우리는 두 사람이 함께 살게 되면 모든 것을 서로 의논할 수 있으리라 생각한다. 그런데 함께 살기 시작한 후에도 배우자에게 편지를 쓰는 것이 좋다. 대개는 특별한 계기가 있어야 편지를 쓴다. 생일이나 결혼기념일이 되거나, 아니면 대화가 통하지 않고 서로 의견이 어긋날 때 쓰게 된다.

나는 편지를 쓰려고 따로 시간을 낸다. 자리에 앉아 상대에게 쓸 내용을 깊이 생각해 본다. 그리고 호의와 사랑을 가득 품고 쓰는 것이다. 나는 편지를 쓰는 동안 하느님께 지금 내게 꼭 맞는 말을 머릿속에 넣어 달라고 청한다. 상대에게 전부터 말하고 싶었지만 번번이 전하지 못한 말을 써 내려간다. 상대가 내게 얼마나 소중한지, 내가 상대를 얼마나 사랑하는지, 그리고 상대의 사랑에 내가 얼마나 고마워하는지 분명히 전한다. 이 같은 편지는 사랑을 더 깊어지게 하고 우리를 우리 사랑의 바탕으로 이끌어 간다. 그 바탕에서 우리는 하느님의 사랑으로 결속된다.

물론 이제는 서로 소통을 할 수 있는 다른 방법이 많이 있다. 두 사람이 떨어져 있을 때에도 전화로 결속을 유지할 수 있다. 또는 문자 메시지로 간편하게 소식을 전할 수도 있다. 두 사람의 결속의 표지인 그 모든 것이, 동시에 두 사람의 결속을 더 깊어지게 해 주는 도구가 될 수 있다.

맺으며

우리를 먹여 주고 길러 주는 것이 바로 사랑이다. 하지만 우리는 그 사랑을 받지 못하는 일이 흔하다. 남편의 사랑에, 아내의 사랑에 굶주려 있다고 내게 토로하는 부부가 상당하다. 그들은 상대의 사랑이 자신을 길러 주는 양분이 되기를 바란다. 그런데 사랑은 우리를 길러 주기만 하는 것이 아니다. 사랑 그 자체도 길러져야, 곧 자라나야 한다. 그래야 사랑이 우리에게서 사라지지 않는다. 사랑을 길러 주는 것으로는 서로를 위한 넉넉한 시간, 서로 간의 이해, 서로에 대한 솔직함과 신실함, 성적 일치 등이 있다. 부부치료 전문가들은 사랑에 양분을 주는 여러 방법을 제시한다. 내게는 무엇보다 영성이 사랑을 길러 주는 방법이다. 참으로 영성은 우리를 우리 안에 있는 사랑의 원천으로 이끌어 간다. 이 원천은 하느님의 것이며, 그래서 바닥나지 않는다. 이 원천에서 우리 사랑을 길어 올리면 결코 메마르지 않는다.

관계와 영성은 우리가 해소할 수 없는 긴장 상태에 있다. 이 주제는 다양한 측면에서 살펴볼 수 있다. 우선 영성은 내가 관계 맺기를 시작할 수 있게, 관계를 향한 하느님의 축복을 신뢰할 수 있게, 큰 희망을 품고 관계에 몸 던질 수 있게 도와준다. 또한 영성은 관계에 대한 터무니없는 기대나 지나친 이상에서 벗어나게 해 준다. 그것들은 감당하기 어려운 짐만 될 뿐이다. 다른 한편, 관계 체험은 '우리의 삶'과 '관계의 영성적 차원'을 끊임없이 일깨운다. 두 사람의 관계가 잘 맺어지기 위해 요구되는 태도는, 결국 영성적 태도이기도 하다. 이를테면 신뢰와 책임, 사랑과 헌신, 희망과 확신, 자유와 해방, 감사와 겸손의 태도다.

관계를 조금 더 충만히 맺고 사는 일에 특별한 영성적 비결은 없다. 나 또한 관계의 성공을 보장하는 영성적 조언을 해 줄 수 없다. 관계가 성공하려면 두 사람이 충분히 영성적이어야 한다거나, 심리학적 소통법을 꼭 실천해야 한다는 식의 모든 환상과 작별해야 한다. 누구도 관계의 성공을 보장할 수 없다. 우리에게는 여러 무의식적 기대가 있다. '우리의 결혼 생활은 어떤 일이 있어도 지속될 것이다.' '우리가 노력하기만 하면, 명상을 부지런히 하고 심리학적 권고를 따르기만 하면 나쁜 일은 조금도 일어나지 않을 것이다.' 영성은 바로 이런 기대로부터 우리를 벗어나게 한다. 대개는 자업자득인 이런 내적 억압으로부터 우리를 구해 준다. 나아가 영성은 우리에게 은총의 차원을 바라보게 한다. 파트너 관계가 잘 맺어지고, 우리가 계속 생기 있게 살아가려면 수련의 여정을 한결 같이 걸어야 한다. 그러나 이 여정을 끝까지 간다 하더라도, 우리의 결혼 생활이 낙원이 되리라는 보장은 없다. 무엇보다 중요한 것은, 관계의 성공이 우리가 희망하는 것의 전부는 아니라는 사실이다. 우리는 하느님에 의해 지탱되고 있다. 성공하든 실패하든, 온전하든 부서졌든 우리는 하느님의 자비로운 손안에 있다. 이를 깨달으면 우리는 내면의 마비로부터, 여러 심리학적·영성적 처방 사이에서의 방황으로부터 벗어나게 된다. 우리는 두 사람이 함께 걷는 사랑의 여정에서 환멸과 충만, 매혹과 상처를 끊임없이 체험한다. 하지만 바로 이런 불안정성이 우리를 부서지지 않는 사랑, 언제나 의지할 수 있는 사랑, 곧 하느님의 사랑으로 나아가게 한다. 우리 안에서 쉼 없이 샘솟는 이 사랑은 점점 더 식어 가는 우리 사랑에 생기를 선사하고, 점점 더 말라 가는 우리 샘을 다시 채워 주며, 그 샘 속에 들어 있는 생명력을 새로 일깨운다. 그 샘은 하느님의 것이기에 결코 마르지 않는다. 그 샘은 우리의 인간적 사랑을 늘 변화시키고 새로 나게 한다. 그 사랑의 샘이 우리 안에 있음을 신뢰하는 것이 곧 영성이다.

참고 문헌

Otto Friedlich BOLLNOW, *Wesen und Wandel der Tugenden*, Frankfurt 1965.

Erich FROMM, *Die Kunst des Liebens*, Stuttgart 1980.

Jean GEBSER, *Ein Mensch zu sein. Betrachtungen über die Formen der menschlichen Beziehungen*, Bern 1974.

Herbert HAAG, *Du hast mich verzaubert. Liebe und Sexualität in der Bibel*, Einsiedeln 1980.

Reinhold HASKAMP, Treue, in: *LexSpir* 1299-1302.

Sven HILLENKAMP, *Das Ende der Liebe. Gefühle im Zeitalter unendlicher Freiheit*, Stuttgart 2009.

Hans JELLOUSCHEK, *Die Kunst als Paar zu leben*, Stuttgart 1992.

——, Spiritualität als therapeutische Kraft in der Paarbeziehung, in: Michael Seitlinger (Hg.), *Was heilt uns? Zwischen Spiritualität und Therapie*, Freiburg 2006, 73-84.

Verena KAST, *Freude, Inspiration, Hoffnung*, München 1997.

Hans J. KLAUCK, *1. Korintherbrief, Die neue Echter-Bibel. Kommentar*, Würzburg 1984.

Hans-Joachim KLIMKEIT, Orientalische Alternativen zur abendländischen Personauffassung, in: Annette Schavan und Bernhard Welte (Hg.), *Person und Verantwortung. Zur Be-*

deutung und Begründung von Personalität, Düsseldorf 1980, 169-189.

Jack KORNFIELD, Selbst die besten Meditierenden haben alte Wunden zu heilen, in: Michael Seitlinger (Hg.), *Was heilt uns. Zwischen Spiritualität und Therapie*, Freiburg 2006, 97-102.

Joseph RATZINGER, *Einführung in das Christentum*, München 1968.

Peter SCHELLENBAUM, *Stichwort: Gottesbild*, Stuttgart 1981.

Walter SCHUBART, *Religion und Eros*, München 1941.

Richard STIEGLER, Der personale und der transpersonale Entwicklungsschritt, in: Michael Seitlinger (Hg.), *Was heilt uns. Zwischen Spiritualität und Therapie*, Freiburg 2006, 103-113.

Bernhard STOECKLE, Eros, in: *Praktisches Lexikon der Spiritualität*, Freiburg 1988.

Ken WILBER, Religion, Mystik und Therapie im Spektrum des Bewusstseins – ein Interview, in: Michael Seitlinger (Hg.), *Was heilt uns. Zwischen Spiritualität und Therapie*, Freiburg 2006, 114-122.

——, *Eros, Kosmos, Logos*, Frankfurt a.M. 1995.

Jürg WILLI, *Koevolution. Die Kunst des gemeinsamen Wachsens*, Reinbek 1985 (Neuauflage Freiburg 2006).